L'HERMITE
DE LA GUIANE,

OU

OBSERVATIONS
SUR LES MŒURS ET LES USAGES FRANÇAIS
AU COMMENCEMENT DU XIXe SIÈCLE.

PAR M. DE JOUY,
MEMBRE DE L'ACADÉMIE FRANÇAISE.

TROISIÈME ÉDITION, ORNÉE DE DEUX GRAVURES.

<small>Chaque âge a ses plaisirs, son esprit et ses mœurs.
Boil., *Art Poét.*</small>

TOME DEUXIÈME.

A PARIS,
CHEZ PILLET, IMPRIMEUR-LIBRAIRE,
ÉDIT. DE LA COLL. DES MŒURS FRANÇAISES,
RUE CHRISTINE, N° 5.
1817.

MŒURS FRANÇAISES.

L'HERMITE
DE LA GUIANE,

SUITE DE

L'HERMITE DE LA CHAUSSÉE-D'ANTIN,

ET DU FRANC-PARLEUR.

T. II.

Les formalités voulues par les lois ayant été remplies, je poursuivrai les contrefacteurs suivant toute leur rigueur.

DE L'IMPRIMERIE DE PILLET.

L'HERMITE
DE LA GUIANE.

N° XXIX. — 10 *janvier* 1816.

LE TROUSSEAU DE LA MARIÉE.

> *He that has a wife and children has given hostages to fortune, for they are impediments to great enterprises, whether in the way of virtue or wickedness.*
> BACON, *Essais.*
>
> Celui qui a une femme et des enfans a donné des otages à la fortune ; car cette condition de père et d'époux est un obstacle aux grandes entreprises, soit dans la carrière du vice, soit dans celle de la vertu.

« Voulez-vous savoir si une action qui vous paraît indifférente est en effet bien ou mal en soi, demandez-vous quel serait, pour la société, le résultat d'une résolution prise à-la-fois par tous ses membres de faire cette même action. Cette méthode facile résout, d'un mot, ces questions que j'ai si souvent entendu agiter :

L'état du mariage est-il préférable à celui du célibat ? Vaut-il mieux avoir des enfans que de mourir sans postérité ? On voit, d'un coup-d'œil, à quel résultat conduirait l'application de la règle que je viens de poser.

» S'il n'est pas permis de mettre en doute l'utilité du mariage considéré dans ses rapports généraux, il n'est pas défendu d'en peser les inconvéniens dans l'intérêt particulier de ceux qui l'embrassent.

» On aura beau répéter que le mariage est une loterie : les lots gagnans y sont assez nombreux pour justifier les mises ; et je n'admets, en principe, aucune des raisons que l'on fait communément valoir en faveur du célibat. Une indigence égale entre deux personnes qui se conviennent à tout autre égard ne me semble même pas devoir être un obstacle à leur union ; car, je ne serais pas embarrassé de prouver qu'en mariage, comme en algèbre, deux quantités négatives, multipliées l'une par l'autre, donnent un résultat positif.

» On fait toujours bien de se marier; mais, dans l'état actuel de nos mœurs, cela devient chaque jour plus difficile. Depuis que les femmes de toutes les classes sont devenues des objets de luxe, on est obligé de consulter sa fortune avant d'en faire la dépense. Jadis, il n'en était pas ainsi ; les noms vieillis de *ménage*, de *ménagère*, indiquent encore le but d'économie que l'on se proposait en se mariant, et l'une des qualités que supposait le titre d'épouse. »

Mon voisin Binome, qui me parlait ainsi, termina par un profond soupir des réflexions qu'il avait jetées comme phrases incidentes dans une conversation où elles n'étaient pas amenées. Je lui en fis la remarque, en le priant de m'expliquer la cause de cette préoccupation d'esprit que je remarquais en lui depuis quelques jours.

« Je me ruine, mon ami, me répondit-il : je marie ma fille à un homme puissamment riche qui la prend sans dot. — Je ne vois pas ce qu'il y a de ruineux dans une pareille affaire. — C'est demain que nous passons le contrat ; vous me ferez le plaisir de venir y signer comme témoin, et vous aurez bientôt deviné l'énigme que je vous propose. »

J'arrivai de bonne heure pour me trouver un moment en famille. Elle était réunie dans le salon, décoré avec une élégance moderne qui contrastait singulièrement avec sa forme et ses dorures anciennes. D'un premier regard, j'embrassai l'ensemble du tableau. La jeune prétendue, dont la figure espiègle, plus agréable que régulière, perdait quelque chose de sa grâce et de sa vivacité sous un air de contrainte qui ne lui était pas naturel, était assise près de sa mère, occupée sans cesse à retoucher quelque chose, tantôt à la coiffure, tantôt à la collerette de sa fille, qu'elle ne se lassait pas de regarder. Mlle Amélie, à qui l'on paraissait avoir eu beaucoup de peine à faire entendre qu'un extérieur posé, réfléchi, était de rigueur en pareille circonstance, n'osait lever les yeux sur son frère, qui lui faisait des mines propres à déconcerter sa gravité de commande. Mon ami Binome se promenait à grands pas, les mains derrière le dos, en causant avec sa femme. « Mon ami, il faut faire comme les autres, disait-elle lorsque j'entrai. — C'est le moyen de faire beaucoup de sottises; demandez plutôt à l'Hermite, continua-t-il en m'apercevant; je le prends pour juge. — Il n'y a plus rien à juger, reprit en riant Mme Binome; on ne peut revenir sur ce qui est fait. — Soit, répondit-il; mais il est toujours tems de savoir, si l'on aurait pu mieux faire. — Dans ce cas, poursuivit Mme Binome, je veux poser la question moi-même, car vous avez une manière de présenter les choses qui les dénature un peu, soit dit sans vous fâcher.

» Voici, ajouta-t-elle en me faisant asseoir, de quoi il s'agit entre nous : il s'est présenté pour ma fille un parti tel que l'amour d'une mère aurait à peine osé l'espérer ; un jeune homme d'une famille distinguée, d'une figure charmante, qui aime passionnément Amélie, dont elle est elle-même très-éprise, qui joint à beaucoup d'esprit, de qualités et de talens, une fortune considérable dont il est maître, et qu'il offre avec sa main à mon Amélie sous la condition expresse qu'il l'épousera sans dot ; une pareille proposition n'était certainement pas de nature à être refusée. Notre consentement ne se fit point attendre, mais il était juste que nous cherchassions un dédommagement au petit sacrifice d'amour-propre que nous avait imposé notre gendre futur. Ma fille ne recevant point de dot, j'ai cru convenable de lui faire un trousseau qui lui en tînt lieu, un trousseau que l'on pût présenter à la famille opulente dans laquelle Amélie est sur le point d'entrer ; en un mot, un trousseau qui pût aller de pair avec la corbeille de mariage qu'elle a reçue. Voilà ce qu'il était convenable de faire, ce dont nous étions convenus avec M. Binome, ce que j'ai fait, et ce qu'il appelle maintenant *une folie*.

» — Entendons-nous, Madame ; nous étions convenus du principe, mais non des conséquences que vous en avez tirées. Je trouvais tout naturel qu'en pareille circonstance nous fissions les choses généreusement, mais vous ne m'aviez pas dit qu'il m'en coûterait plus pour donner un trousseau à ma fille, qu'il ne m'en aurait coûté pour lui donner une dot ; vous ne m'aviez pas dit que ce trousseau se composerait de quelques chiffons dont il ne restera pas vestige dans deux ans ; vous ne m'aviez pas dit que je serais obligé de vendre ma belle ferme de Beauce pour payer quelques aunes de perkale et de mousseline.

» — Mais, Monsieur, on n'habille point une femme avec de la laine et du chanvre ; et quand on marie une fille de dix-huit ans, destinée à tenir un grand état dans le monde, il faut se conformer au goût qu'elle doit avoir, et à la mode qu'elle doit suivre.

» — Elle a donc bien changé, Madame, depuis le jour où j'ai eu l'honneur de devenir votre époux ! Vous n'aviez que dix-sept ans ; vous m'apportiez cette maison en dot ; et je me rappelle que votre trousseau, que l'on citait pour son élégance et sa richesse, remplissait ce même salon où nous sommes, et ne coûtait pas la cinquième partie de celui de votre fille, exposé tout entier sur le divan de votre boudoir.

» — Les mœurs, les usages d'un tems ne sont pas ceux d'un autre ; j'avais très-bonne grâce avec des paniers, qui siéraient très-mal à ma fille ; et l'on ne se lassait pas d'admirer ma robe de noces, dont j'ai fait depuis un fort bel ameublement.

» — J'ai pour principe, ainsi que vous, ma chère femme, qu'il faut se conformer au tems où l'on vit ; mais l'usage a ses abus, et la sagesse est de s'en garantir. Je n'aurais point exigé que vous donnassiez à votre fille un trousseau composé comme le vôtre : de *huit douzaines de chemises de cretonne superfine*, de *quatre douzaines de jupons piqués*, de *vingt paires de poches de basin de Hollande*, de *baigneuses en point d'Alençon*, etc.; je n'engage point Amélie à faire à son époux futur le cadeau que j'ai reçu de vous le jour de mes noces, d'*une chemise garnie de dentelle, d'une coiffe de nuit et d'un nœud d'épée*; mais, en prenant exemple sur ce qui se fait aujourd'hui, je me serais réglé sur ce qu'il y a de mieux dans notre position, et non, permettez-moi de vous le dire, sur ce qu'il y a de plus extravagant....

» — Je ne veux répondre à cette accusation d'extravagance, interrompit Mme Binome, qu'en mettant sous les yeux de l'Hermite les preuves que l'on en donne. »

A ces mots, elle se leva, et nous la suivîmes dans le boudoir, où toutes les parties du trousseau, nouées avec des faveurs roses et séparées par des bouquets de fleurs artificielles, étaient rangées avec beaucoup d'art sur une table recouverte d'un tapis de mousseline. Nous en fîmes l'inventaire ; Mme Binome nommait les pièces, et son mari, le mémoire à la main, indiquait les prix :

Deux douzaines de chemises de batiste brodées,
    garnies de valencienne, à 140 fr. la pièce,
    ci.......................... 3,360 fr.
Deux douzaines de mouchoirs de ba-

	Ci-contre...	3,360 fr.

tiste à points à jour, à 100 fr. le mouchoir. 2,400

Douze jupons de dessous (tout ce qu'il y a de plus simple), à 90 f. la pièce . 1,080

Une seule douzaine de jupons brodés, garnis de dentelle un peu moins simple, à 300 fr. 3,600

Une douzaine de fraises, guimpes et pélerines du matin, à 200 fr. l'une dans l'autre 2,400

Camisoles de lit brodées, une douzaine de camisoles, à 300 f., rien que 3,600

Deux douzaines de madras, à 50 fr.. 1,200

Deux douzaines de paires de bas de soie à 25 fr. ;—il n'y a rien à dire à cet article. 600

Deux douzaines de paires de bas de coton : — les bas de soie, pour s'habiller, ont coûté 25 fr. la paire ; les bas de coton pour le matin en coûtent 50 : rien de plus raisonnable! 1,200

Une douzaine de taies d'oreiller, garnies de dentelle, à 200 fr. pièce. . 2,400

Quatre couvre-pieds en perkale, gar-

21,840 fr.

D'autre part...	21,840 fr.
nis de dentelle, à 600 fr. pièce..	2,400
Un couvre-pied de parade, point de Bruxelles............	3,000
Deux robes de cachemire blanc, l'une à bordures pour le matin, l'autre à palmes pour le soir, à 1800 f. la robe	3,600
Deux *nérestans* (redingotes en mérinos)	800
Douze robes de mousseline ou de perkale, garnies, brodées, *pour le matin*, à 600 fr. l'une dans l'autre.	7,200
Une douzaine *dito* d'étoffes de fantaisie *pour s'habiller*, à 300 fr. la robe.	3,600
Une douzaine de coiffes de pelotes, brodées avec chiffre et dentelle; — article essentiel.........	1,200
Une douzaine de frottoirs de mousseline, pour le rouge, à coins brodés en chiffre;—indispensable.	300
Manches et canezous en mousseline, tulle et bandes brodées, 2 douzaines	2,400
Petits bonnets de perkale, dormeuses et cornettes du matin, une douzaine, à 125 fr.........	1,500
Coupons de dentelles de toutes sortes.	8,000
Le tout enfin pour la modique somme de	55,840 fr.

sans compter, il est vrai, 5 ou 6,000 fr. de petites drôleries qui ne valent pas la peine d'être portées en compte.

« Eh bien! mon ami, qu'en dites-vous (continua M. Binome en m'adressant la parole), ne voilà-t-il pas 60 mille francs bien employés? — Parlez, Monsieur, ne vous gênez pas pour être de l'avis de mon mari (reprit la maîtresse de la maison, voyant que j'hésitais à répondre); vous avez là un beau texte pour déclamer avec lui contre le luxe des femmes : c'est un sujet tout nouveau, sur lequel vous pouvez faire un sermon très-édifiant. — Si je voulais faire un sermon, Madame, et si vous étiez disposée à l'entendre, ce n'est point sur le luxe, c'est sur la vanité que je prêcherais dans cette circonstance; et, sans faire la part à chacun dans mon Discours, peut-être y trouveriez-vous la vôtre. J'ai vécu trop long-tems éloigné d'un monde auquel je suis d'ailleurs étranger par mon âge et par mes habitudes, pour avoir le droit de m'établir ici médiateur entre la raison et les convenances. Je sais, ou plutôt je devine tout ce qu'on doit de sacrifice, en certains cas, à la position où l'on se trouve, au nouveau rang où l'on se place, à l'opinion, lors même que cette opinion n'est qu'un préjugé ; mais ce qu'il m'est plus difficile de concevoir, c'est qu'on s'impose, sans utilité pour soi ni pour les autres, l'obligation de faire par amour-propre plus qu'on n'aurait fait par sentiment, avec la certitude que personne ne vous en tiendra compte. Vous m'avez permis de dire toute ma pensée : vous mariez mademoiselle votre fille à un jeune homme très-riche, qui l'aime tendrement et pour elle-même ; vous croiriez lui faire injure en supposant que le don d'un trousseau, plus ou moins magnifique, pût influer sur l'attachement qu'il porte à celle qu'il épouse sans dot ; c'est donc uniquement pour lui disputer un avantage si précieux à sa délicatesse que vous affectez de vous mettre au-dessus d'un procédé généreux dont son amour voulait se faire un titre. Je ne parle pas de cette considération puérile d'imposer par la magnificence du trousseau de la mariée à la famille de votre gendre : si elle voit cette union avec plaisir, elle blâmera, comme votre époux, une prodigalité inutile ; si elle la voit avec peine, la dépense que vous avez faite sera comptée pour rien , et l'article *sans dot* sera publié par les parens du jeune homme avec d'autant plus d'affectation, que leur vanité, par là, croira blesser plus sensiblement la vôtre. »

Madame Binome accueillit mes petites observations avec plus de bonté que je ne l'espérais ; et, comme il était encore tems de revenir sur quelques emplettes qui n'avaient été faites que conditionnellement, on convint, en supprimant deux ou trois articles qui n'entrent pas essentiellement dans la composition d'un trousseau, d'en réduire assez les frais pour ne pas être obligé de vendre la ferme.

N° XXX. — 17 *janvier* 1816.

LES GENS DE LETTRES.

> *Crafty men despise letters ; simple*
> *Men admire them ; and wise men use*
> *Their help, and honour them.*
> BAC., *Essais.*
>
> Les gens vains et fourbes affectent de mépriser les lettres ; les hommes simples les admirent sans choix ; les hommes sages en font usage et les honorent.

L'AMI Binome, assis au coin de mon feu, qu'il tisonnait pendant que j'écrivais une lettre, grommelait entre ses dents quelques mots auxquels je prêtais involontairement l'oreille. « Le sot ! disait-il ; se jeter dans une pareille carrière ; et dans quel tems encore !..... *Mon père, c'est plus fort que moi, je cède à un penchant irrésistible; j'ai reçu du Ciel l'influence secrète......* Le diable emporte ton influence ! elle te conduira à l'hôpital, à Vincennes ou à Charenton ! tu n'as que le choix; c'est moi qui te le dis. »

Et en le disant, mon homme, d'un coup de pincette, fait rouler un gros tison sur le tapis ; il veut le relever avec trop de précipitation, et l'éparpille en charbons enflammés qui multiplient le dommage ; en même tems qu'il y porte remède des pieds et des mains, son impatience s'exhale en termes si vifs contre les penchans irrésistibles et contre les tisons, que je pars d'un grand éclat de rire...... « En effet, continua-t-il du même ton de colère, la chose est on ne peut plus risible ; votre tapis brûle et mon fils veut à toute force se faire homme de lettres.
— Voilà déjà un de ces malheurs réparé, et l'autre n'est pas si grand que vous le faites : c'est une profession très-honorable que celle d'homme de lettres, et si votre fils en a tout-à-la-fois la vocation et les moyens, je ne vois pas quelle raison vous pourriez avoir de lui interdire une carrière qu'il peut parcourir avec honneur.
— En vous accordant (sans tirer à conséquence pour la suite de la discussion) qu'il suffise aujourd'hui de la vocation et des moyens intellectuels pour réussir dans cette profession, pensez-vous que j'appelle *vocation* cette ardeur de barbouiller du papier dont tant d'écoliers sont

saisis en sortant du collége? que j'appelle *moyens* ce peu de talent qu'il faut pour dialoguer quelques scènes d'opéra-comique ou pour rimer des ariettes ? Ma femme peut s'extasier de plaisir à la représentation d'un mélodrame pour la façon duquel son fils s'est associé deux ou trois beaux esprits de sa force ; elle peut aller colporter de maison en maison le journal où il débite à tant la ligne ses *alinéas* politiques : moi, je ne vois là qu'un engouement sans excuse, une carrière sans but, et tout au plus une occupation sans profit, car je n'oserais dire sans honte.

» — Je ne connais pas assez votre fils pour justifier son choix ; mais j'aime et j'honore assez les lettres pour justifier son goût : « *Les lettres* (on peut en croire Cicéron) *sont l'aliment de la jeunesse, la passion de l'âge mûr et l'amusement de la vieillesse ; elles nous donnent de l'éclat dans la prospérité, et sont une ressource, une consolation dans l'infortune ; elles font les délices du cabinet, et n'embarrassent dans aucune situation de la vie ; la nuit elles nous tiennent compagnie, et nous suivent aux champs et dans nos voyages* ». Aristippe ne connaissait d'autres biens que ceux que les revers ne peuvent nous enlever ; il ne recommandait à ses parens, du fond de son exil, que d'enseigner de bonne heure à leurs enfans à se munir de biens et de provisions qui pussent braver la tempête ; c'était aussi l'avis de Théophraste : « *L'homme de lettres,* dit-il en traçant ce caractère, *jouit seul de la prérogative de n'être point étranger au milieu des étrangers.* » Et, pour vous citer l'historien que vous aimez le plus (après son maître, Voltaire), Hume avance et prouve, à force d'exemples, « *qu'il est rare, et même très-rare qu'un véritable homme de lettres ne soit au moins un honnête homme* ». Voulez-vous une autorité sinon plus forte, du moins plus impartiale, écoutez ce bon Robert de Naples, ce roi qui s'honorait de l'amitié de Pétrarque, et à la mort duquel ses heureux sujets donnèrent tant de larmes ; il vous dit « *que s'il fallait opter entre la perte de sa couronne ou celle de sa qualité d'homme de lettres, il n'hésiterait pas à sacrifier son royaume* ».

» — Vos philosophes, vos rois, vos auteurs peuvent avoir raison en thèse générale ; les lettres peuvent être une fort bonne et fort belle chose en soi, mais la question est de savoir si tous les tems, si tous les pays sont également favorables pour les cultiver ; s'il n'y a pas telle époque où les entraves qu'on leur donne, les dangers où elles exposent, les ennemis qu'on leur suscite, et, plus que tout, l'espèce d'hommes qui les professent, ou plutôt les exploitent, ne doivent pas éloigner les jeunes gens d'une carrière envahie par de semblables rivaux. — Il y a long-tems qu'on a comparé la corporation des gens de lettres à une armée où l'on compte un très-petit nombre d'officiers-généraux, beaucoup d'officiers subalternes et une multitude de soldats. — Et les goujats, dont vous ne dites rien ! — C'est qu'ils ne comptent pas dans l'effectif, et qu'ils se tiennent toujours sur les derrières. — Excepté dans les déroutes, où ils forment l'avant-garde. — Quand on discute la règle de bonne foi, on ne cherche point ses preuves dans les exceptions. En parlant d'une classe d'hommes généralement estimable, je fais abstraction de cette foule d'intrus qui se glissent dans leurs rangs et parviennent quelquefois à usurper leur titre. Examinez avec moi sans prévention l'état de notre littérature, sous les rapports personnels de ceux qui y tiennent un rang : vous verrez qu'à tout prendre cette classe de la société est encore celle où l'on trouve le plus de vertus publiques et privées, où la raison a le plus d'empire, où les mœurs ont le moins de préjugés, où l'esprit de parti a le moins d'amertume ; vous y remarquerez (contre l'opinion des sots, qui ont tant d'intérêt à juger et à condamner l'esprit par contumace) que la probité, l'honneur y suivent la progression du talent, et que les plus éclairés des hommes en sont aussi les meilleurs.

» En votre qualité de mathématicien, vous ne vous payez pas d'assertions, vous demandez des preuves ; je n'ai besoin que de vous citer des noms :

» Dans un tems et dans un pays où la vieillesse obtient si peu de considération (et peut-être, il faut tout dire, où tant de vieillards provoquent, s'ils ne le justifient pas, le mépris dont elle est l'objet), les deux Nestor de notre littérature font respecter en eux cette union si belle, si touchante, d'un grand âge, d'un grand talent et d'un grand caractère. Le premier, doyen et modèle des vrais philosophes, après avoir été, dans le cours de sa longue et honorable carrière, l'un des plus fermes soutiens de ces principes libéraux sur lesquels se fonde désormais la civilisation européenne, n'a pas craint de faire entendre le *cri de famille* dans l'effroyable tumulte des factions. L'autre, émule du tragique anglais dont il a naturalisé le génie sur notre scène, n'a fléchi le genou devant aucune idole, s'est conservé pur, libre et pauvre au milieu de toutes les séductions de la fortune, et met toute sa gloire à compter dans sa vie autant de belles actions que de beaux vers.

» Celui-ci, courageux défenseur du droit des nations et de l'autorité légitime des souverains, opposant à tous les partis le calme de la raison et l'intérêt de l'humanité, mérita dans sa jeunesse l'estime du vertueux Malesherbes, qui lui légua son inflexible probité.

» Tant d'autres exemples que je pourrais ajouter encore, s'ils ne se présentaient d'eux-mêmes à votre esprit, doivent vous convaincre de ces vérités : que la profession des lettres, à laquelle on n'assigne aucun rang dans l'Etat, y tient véritablement le premier, par l'influence qu'elle a sur la morale publique, sur les mœurs privées et sur les institutions nationales ; que ceux qui, dans cette profession, obtiennent le plus de succès, sont toujours ceux qui l'exercent avec le plus d'honneur ; et que, dans l'état actuel des sociétés politiques, on peut juger du degré de la prospérité des nations, de la force et de la stabilité du gouvernement, par le degré de considération que l'on accorde aux lettres et à ceux qui les cultivent.

» — Je tombe d'accord avec vous du principe ; je ne récuse aucune des preuves personnelles que vous m'avez données, et auxquelles j'ajoute mentalement toutes celles que vous auriez pu y joindre ; mais, parbleu ! je soutiens, pour reprendre votre comparaison, qu'une douzaine d'officiers supérieurs en retraite ne fait pas une armée ; et que celle des gens de lettres actuels ne se compose, en grande partie, que de bandes irrégulières, sans aveu, sans courage et sans discipline.

» Je sais la différence que l'on a de tout tems établie entre la profession et le métier des lettres ; vous avez fait l'éloge de l'une, moi, je fais la satire de l'autre ; et mon champ est bien plus vaste que le vôtre. Je sais que l'indigent qui pense est bien supérieur au riche qui végète, au grand qui se pavane ; mais, connaissez-vous quelque chose au-dessous de l'écrivain mercenaire aux gages de ces derniers ? Connaissez-vous des hommes plus vils que ces plats adulateurs de la puissance, que ces thuriféraires en livrée, vivant de l'encens grossier dont ils noircissent leurs idoles ? des hommes plus odieux que ces artisans de calomnies périodiques, dont la morale, le bon goût et le bon sens ont également à rougir ? Connaissez-vous des insectes plus nuisibles que ceux qui s'attachent aux plus beaux arbres, dont ils rongent les fruits et flétrissent les fleurs ?

» Vous refusez à ces gens-là le titre d'hommes de lettres ; mais ils le prennent, se font connaître et employer comme tels, et le déshonneur de leur nom rejaillit sur leur état. Voulez-vous des portraits, je vous livre une galerie tout entière :

» Vous y verrez figurer au premier rang ce *Damon*, fougueux apologiste de toutes les fureurs révolutionnaires, dont il a donné l'exemple dans sa conduite et dans ses écrits, et maintenant, sous d'autres couleurs, l'un des plus zélés persécuteurs de tous les gens de bien qu'il cherche à faire passer pour ses complices.

» Ce *Théophile*, marguillier de toutes les paroisses, chantre de tous les lutrins, dont la voix enrouée s'est fait entendre, en l'honneur de qui il appartenait, à la halle, dans la place publique, sur les tréteaux, dans les antichambres et jusque dans les palais.

» Cet *Agesipe*, bourré de l'esprit des autres, qu'il vend à moitié perte, et dont ce trafic est encore la plus honnête spéculation. Malheur à qui parle en sa présence ! son oreille est exercée et sa mémoire perfide.

» Ce *Mopse*, dont la plume et la conscience à l'encan appartiennent au dernier enchérisseur : sur papier *timbré*, sur papier *grand-aigle*, sur parpier *à ministres*, sur papier *d'impression*, c'est toujours le même écrivain, toujours le même courage à secourir le pouvoir, à poursuivre le malheur, à calomnier le mérite; toujours le même instinct à vivre aux dépens des autres.

» Ce *Menipe*, dévoré de fiel et d'envie, qui s'est constitué greffier du Parnasse, et qui n'enregistre que les ouvrages duement estampillés ; ce Menipe qui a tout juste l'esprit qu'il faut pour dire du mal, et le crédit qu'il faut pour en faire.

» Je ne serais pas embarrassé, comme vous pouvez croire, de continuer cette nomenclature; mais il me suffit de vous avoir cité les gens de lettres au milieu desquels mon fils est lancé, et dont les honteux succès ne peuvent manquer d'éveiller en lui une coupable émulation.

» — Vous étiez de mon avis, et je suis tout-à-fait du vôtre : que faut-il en conclure ? Que nous avons raison l'un et l'autre ; qu'il n'y a point de profession plus honorable que celle des lettres, et qu'il n'y a pas de métier plus honteux ; que la profession est toujours exercée par des hommes d'un talent véritable et par des gens de bien ; que le métier est la ressource méprisable de ceux qui ne peuvent s'élever à la dignité d'un état dont les qualités de l'esprit et du cœur sont les conditions indispensables. Si votre fils les possède au degré que son âge comporte (et personne ne peut mieux en juger que vous-même), dirigez ses inclinations au lieu de les contraindre ; montrez-lui le but où il doit tendre, la route qu'il doit suivre, les modèles qu'il doit se proposer ; rehaussez à ses yeux la gloire littéraire, en lui faisant connaître au prix de quel sacrifice on l'obtient ; ne lui fermez pas la lice, mais apprenez-lui à s'y présenter honorablement ; et, pour le dégoûter des succès qu'il recherche, contentez-vous de lui faire honte des rivaux qui les lui disputent. »

N° XXXI. — 24 *janvier* 1816.

LES CHANSONS.

—

Il faut, même en chanson, du bon sens et de l'art.
BOILEAU, *Art poét.*

J'ENTENDS tous les jours vanter le bon tems d'autrefois, par de pauvres gens d'aujourd'hui qui m'en dégoûteraient si j'étais plus jeune. Il est pourtant bien certain (toute prévention de vieillesse à part) qu'il s'est fait, depuis un demi-siècle, une révolution dans nos mœurs domestiques qui n'a point tourné au profit du plaisir.

Aristote nous apprend que le même nom fut donné, en Grèce, aux *lois* et aux *chansons*. Une pareille économie de mots aurait pu se faire également en France, où l'on ne citerait peut-être pas une loi, un édit, une ordonnance, depuis la fondation de la monarchie, qui n'ait été mis en couplets. Jadis on ne chantait pas si bien, je dois en convenir, mais on chantait davantage : donc on était plus gai ; car la chanson a toujours été, dans ce pays, l'expression la plus commune de l'opinion et de la joie publiques.

Il existe encore à Paris quelques maisons où s'est conservé le précieux dépôt de cette bonne et franche gaîté française ; de cette gaîté qui se console d'un revers de fortune par un couplet ; qui se venge, en vaudevilles, d'un abus de pouvoir ; de cette gaîté que Mazarin consultait dans la répartition de l'impôt, et qu'il appréciait en homme habile quand il disait : *Francesi cantano, bene ! pagheranno.*

J'ai accompagné, il y a quelques jours, Mme de Lorys chez un de ses parens, au fond de l'île Saint-Louis, où j'ai trouvé le modèle achevé, le parangon du bonheur domestique tel que je l'imaginais, dans une famille bien unie, où d'utiles préjugés anciens ont fait alliance avec de brusques vérités modernes ; où l'on a pris conseil du passé, non pour déshériter, mais pour enrichir le présent ; où de bonnes vieilles habitudes n'ont point été sacrifiées aux caprices de la mode, mais en ont emprunté quelques formes extérieures, plus appropriées à l'esprit du tems et aux mœurs du jour. Je n'ajouterai qu'un trait à *ce tableau de famille*, que je me propose d'exposer dans un de mes prochains Discours : on soupe encore dans cette maison, et l'on y chante au dessert.

On trouverait difficilement, à Paris même, une réunion de convives plus aimables que ceux avec qui je me rencontrai chez M. de Mérange. On fit à mon âge les honneurs du haut bout de la table; j'avais l'air d'une de ces momies qui figuraient, dans les jours de fête, aux repas des Egyptiens.

Le souper fut d'une gaîté charmante : on parla raison, avec grâce et saillie; on critiqua sans amertume, on ne médit que des ridicules; on ne persiffla point; on ne *mystifia* personne, et l'on finit par chanter. *Le roi du festin* était un vieillard (mon cadet d'une dixaine d'années) sous les traits duquel on pourrait peindre Anacréon, si l'on voulait embellir l'idée que l'on s'en forme. Cet homme est une anthologie vivante : auteur lui-même de quelques jolies chansons, il sait par cœur toutes celles qui ont été faites depuis un siècle, et les chante avec tout l'esprit qui les a dictées. Entre la poire et le fromage, on le mit sur ce chapitre, où il est aussi prodigue de raisonnemens que de preuves.

Il commença par l'éloge du genre. « Je sais fort bien, dit-il, que ces petites compositions ne demandent ni une grande élévation de pensées, ni de grands efforts de talent ; mais, ce qu'elles exigent, et ce qu'on n'apprécie peut-être pas assez dans les auteurs qui s'y distinguent, c'est un esprit fin, délicat et naturel, une gaîté soutenue, une imagination féconde, un sujet piquant ou gracieux, et, par-dessus tout, un style pur, correct et brillant d'images. La chanson est, de tous les genres de poésie, celui qui supporte le moins la médiocrité ; la plus petite tache lui ôte toute sa valeur. On l'a fort bien comparée à ces miniatures qui veulent être achevées à la loupe, et dont le premier mérite est dans une extrême finesse de pinceau, que l'on ne remarquerait pas dans de plus vastes compositions.

» Les Français l'emportent sur tous les peuples pour le sel, la grâce et la variété de leurs chansons : ils en ont étendu le domaine. Ailleurs on n'a su chanter que *l'Amour et le vin* ; nos chansonniers se sont, de plus, emparés de *la satire* et de *la politique*. De là, chez nous, quatre espèces de chansons bien distinctes : la *romance*, les *rondes*, les *vaudevilles* et les *noëls*.

» La naïveté est le caractère particulier de la *romance*. Florian, M. de Coupigny et M. Girault sont, après Moncrif (que personne n'a égalé dans ce genre simple et gracieux), ceux qui me paraissent en avoir mieux saisi l'esprit. »

Il s'éleva, sur ce point, une légère discussion, que le vieux troubadour termina en nous chantant la romance d'*Estelle* de Florian, celle de *Gabrielle*, de M. de Coupigny, et celle d'*Alis et Alexis*, de Moncrif. Tout le monde tomba d'accord que cette dernière était la plus parfaite, et qu'on ne pouvait rien comparer à la grâce et à la délicatesse de ce couplet :

   Pour chasser de la souvenance
      L'ami secret,
   On ressent bien de la souffrance
      Pour peu d'effet.
   Une si douce fantaisie
      Toujours revient ;
   En songeant qu'il faut qu'on l'oublie
      On s'en souvient.

« Sous le nom de *rondes*, continua le professeur lyrique, je comprends toutes les chansons de table. Les Athéniens ont été nos modèles sur ce point comme sur beaucoup d'autres; c'est d'eux que les Romains avaient pris l'usage, adopté par nous, de chanter à table. Chez ce peuple aimable, le repas du soir était, même en famille, une véritable fête. On apportait, avec le dessert, des couronnes de fleurs pour les convives, et une branche de myrte que l'on passait, de main en main, à celui qui devait chanter. Quelques odes d'Anacréon et d'Horace, évidemment composées pour être chantées *au myrte* (suivant l'expression du tems), autorisent les chansonniers à compter dans leurs rangs deux des plus beaux génies de l'antiquité.

» Parmi les poètes auxquels nous devons les meilleures *chansons à boire*, je me dispense de citer ce *maître Adam*, à qui deux ou trois couplets passables ont fait une réputation très-supérieure à son mérite; mais je n'oublierai pas Dufresny, qui a fait beaucoup mieux, et dont on parle beaucoup moins. Ses *Plaintes bachiques* sont d'une gaîté franche et spirituelle.

(Il nous les chanta, et l'on rit beaucoup du couplet qui finit par ces vers que l'ivrogne adresse au Ciel, en rentrant chez lui, où il voit les objets doubles :

Je n'avais qu'une femme, et j'étais malheureux !
Par quel forfait épouvantable
Ai-je donc mérité que vous m'en donniez deux?)

» Dans le genre bachique, nous possédons, poursuivit-il, des chansonniers fort au-dessus de ceux qui ont illustré l'ancien Caveau. » Il nous en administra la preuve en nous chantant l'*Epicurien*, de M. Désaugiers; *le Cabaret*, de M. Moreau, et *la Bacchante*, de M. Bérenger. Ce n'est point exagérer l'éloge que de mettre cette dernière chanson à côté des meilleurs morceaux de poésie érotique qui aient été composés dans les langues anciennes et modernes.

« Le *vaudeville* (c'est-à-dire la satire des mœurs en chanson) est un genre dans lequel les Français n'ont eu ni modèles ni rivaux. Panard et Collé, dans le dernier siècle, se sont rendus célèbres par des chansons de cette espèce, dont quelques-unes sont de petits chefs-d'œuvre, au-dessus desquels je placerai cependant *le Tonneau de Diogène*, de M. Bérenger; *les Embarras de la Richesse*, de M. Désaugiers, et *le Corbillard*, de M. Armand-Gouffé.

(Il nous les chanta.)

» Les *noëls* (je laisse aux couplets satiriques et politiques ce nom qu'on leur donne dans la *Satire Ménippée*) ne pouvaient naître que chez un peuple où la pente naturelle des esprits à la malice et à la gaîté leur montre les affaires les plus sérieuses sous le côté plaisant, et les rend plus sensibles au ridicule qu'au malheur.

» L'origine de cette espèce de chanson touche au berceau de la monarchie, à en juger par les *sirventes* de nos anciens *trouvères;* mais je ne remonterai pas au-delà de mes propres souvenirs : je me rappelle les *noëls* que l'on chantait, en 1760, contre les enfans de Loyola, et je crois encore entendre un vieux chanteur des rues, que l'on nommait *le père La Voix*, détonant sur le Pont-Neuf et sur les quais le *Rapport de M. Chauvelin* et les *Complaintes de Malagrida* et sa compagnie.

» En 1771, les NOÉLISTES s'emparèrent du *parlement Meaupou*, et célébrèrent, sur l'air de *la Bourbonnaise* et des *Portraits à la mode*, la protectrice de l'abbé Terray, l'ennemie du duc de Choiseul, le triomphe du duc d'Aiguillon et les malheurs de la Chalotais.

» J'ai entendu chanter, successivement, *le Retour du Parlement*, *l'Arrivée de Francklin à Paris*, *la Journée de Saratoga*, *le Combat d'Ouessant*, *l'Assemblée des Notables*, *la Cour Plénière*, *les Etats-Généraux*, etc., etc.

» Mais bientôt la division des ordres et des partis, des prétentions et des droits, de la cour et de la ville, des évêques et des curés, de la majorité et de la minorité de la noblesse, de M. le chancelier et de M. Necker, amenèrent, non plus des chants, mais des cris; non plus des refrains, mais des hurlemens; les ponts-neufs ne provoquaient plus le rire, mais la terreur; et les complaintes *sur les crimes du peuple* remplacèrent les épigrammes *sur les sottises des grands*.

» Depuis cette époque, pendant plus de quatre lustres, on a chanté tour-à-tour et les traités scandaleux et les déclarations de guerre sous-entendues, et des victoires sans exemple et des revers inouïs, et les indulgences et les anathêmes, et la chute et l'érection des trônes, et le triomphe et le schisme de l'Eglise française; au milieu de ce terrible charivari, l'air *vive Henri IV* s'est fait entendre; et ce chant national, répété en chœur, a couvert tous les autres.

» Deux poètes se disputent aujourd'hui l'empire de la chanson, qui me semble devoir rester à M. Béranger, le plus varié, le plus fertile, le plus correct de tous nos chansonniers. Doué d'une philosophie plaisante et maligne, souvent plus instructive que la philosophie la plus sérieuse, personne ne possède au même degré le talent de railler avec esprit, de persiffler avec grâce, d'affubler d'un ridicule ineffaçable la sottise et la vanité. Dans ses chansons les plus folles, on voit percer, comme dans celles des Grecs, cet amour de la patrie, et, si j'ose parler ainsi, ce sourire mélancolique qui prête un charme nouveau à la gaîté même. Dans la chanson politique, il est sans rivaux; dans la chanson gaillarde, où il n'a d'émule que *Collé*, pour la verve comique, pour l'originalité de l'expression, il lui est généralement supérieur par le choix du sujet et par le coloris poétique.

» M. Béranger a envahi le domaine entier de la chanson ; il lutte sans désavantage avec M. Désaugiers dans le genre grivois, et il excelle à tourner ce qu'on appelle un *couplet de facture*, dont le mérite est presque tout entier dans le choix du rhythme et dans *l'opulence* de la rime : sous ce rapport, je ne crois cependant pas qu'il ait été aussi loin que Panard et Collé, lesquels ont été vaincus eux-mêmes par l'auteur d'un vaudeville intitulé *le Poète Satirique*, où se trouve un couplet de ce genre, d'une désespérante perfection. »

Le vieux ménestrel, qu'un verre de vin de Champagne avait mis en voix, termina sa joyeuse leçon en nous chantant *le Petit Roi d'Yvetot*, *le Sénateur*, *Plus de politique*, et quelques autres chansons de M. Béranger, qui lui firent décerner tout d'une voix le sceptre de myrte et la couronne de lierre, attributs de l'ancienne et joyeuse *royauté des festins*.

N° XXXII. — *31 janvier 1816.*

UNE MAISON DE L'ILE SAINT-LOUIS.

> . . . . *Semita certe*
> *Tranquillæ per virtutem patet unica vitæ.*
> JUVÉNAL, sat. 10.
> On ne parvient, n'en doutez pas, au calme
> du bonheur que par la vertu.

En cherchant bien, on trouve tout à Paris, même la vertu, le repos et le bonheur. On va crier à l'incroyable, et, sans daigner même entrer dans la discussion du fait, on me demandera si je n'ai pas vu des baleines se jouer dans la Seine ou des colibris nicher sur les arbres du Palais-Royal. Comme à mon ordinaire, je n'ai que deux mots à répondre : « J'ai vu, vous pouvez voir. »

« Voulez-vous venir passer avec moi la journée à la campagne (me disait jeudi dernier Mme. de Lorys) ? — Je suis bien frileux ; il a encore gelé cette nuit, et je ne vois pas bien ce qu'avant un mois on peut aller faire dans la forêt de Senard; je n'en suis pas moins prêt à vous suivre. — Qui vous parle de la forêt de Senard? nous ne sortirons pas de Paris. — Mais il était question de campagne? — Sans doute, de la campagne à Paris. — J'entends: d'un bal champêtre dans la Cité? — Non pas: d'une véritable maison des champs, sise dans l'île Saint-Louis, où vous trouverez, sous les formes les plus aimables de la ville, toute la simplicité des mœurs patriarchales, toutes les vertus avec toutes les grâces; où vous admirerez pour la première fois peut-être l'alliance de l'opulence et de l'économie, de l'ordre et de la liberté, de la décence et du plaisir. — Eh vîte! partons, madame; on n'arrive jamais trop tôt pour voir un miracle. »

Nous montons en voiture; nous prenons notre chemin le long des quais de la rive droite de la Seine, et nous entrons dans l'île Saint-Louis par le pont de la Tournelle. Nous passons devant ce fameux hôtel Bretonvilliers, où les fermiers-généraux tenaient autrefois leurs assises; et à l'extrémité de la rue dite *des Deux-Ponts*, vers la pointe orientale de l'île, nous arrivons par une longue allée plantée d'arbres à la maison de M. de Mérange, remarquable à l'extérieur par la plus élégante simplicité.

« Il n'est encore que dix heures, me dit Mme de Lorys; je sais où nous trouverons le maître du logis. » Nous tournons autour de la maison, et au bout d'un jardin très-vaste nous entrons, par une galerie vitrée qui sert d'orangerie, dans la serre chaude, où M. de Mérange était occupé à donner une leçon de botanique à son fils, tandis que sa fille dessinait des fleurs.

Mme de Lorys fut reçue avec les témoignages de la plus respectueuse affection, et M. de Mérange, que j'avais déjà vu plusieurs fois chez elle, m'accueillit avec une extrême bienveillance. La leçon, dont le maître et les élèves se faisaient un plaisir, continua en notre présence, et j'eus l'occasion de reconnaître la vérité de ce précepte de l'auteur d'*Emile* : « Les enfans ne peuvent jamais avoir de meilleur précepteur que leur père. »

M. de Mérange est un homme de cinquante ans environ, d'une taille et d'une figure distinguées. La politesse de ses manières, qui n'est pas exempte d'une sorte de brusquerie, est une suite de sa bonté naturelle : il aime les hommes, sans avoir pour eux un grand fonds d'estime, et au bien qu'il en dit on peut deviner le mal qu'il en pense.

A peine sortis de l'enfance, Charles et Caroline ont toute la grâce, toute l'espiéglerie de leur âge, sans aucun de ses inconvéniens : ils sont curieux sans être indiscrets, et familiers sans être importuns; à dix ou onze ans, ils savent plus et mieux qu'on en sait communément à quinze. En témoignant ma surprise à M. de Mérange sur une éducation si précoce, je m'informai de la méthode qu'il avait suivie. « La plus simple et la plus naturelle, me répondit-il : je ne les force point d'apprendre, mais je leur en donne l'envie, et j'en fais naître le besoin. Je me suis aperçu qu'en général on donnait trop d'importance à ce qu'on appelle l'*inclination des enfans*, où je ne vois la plupart du tems qu'un indice frivole. Je ne puis changer la nature de la plante, mais je suis maître de sa direction, et je la plie à mon gré tandis qu'elle est encore flexible. Je sais déjà ce que mes enfans seront un jour, ou du moins ce que je veux qu'ils soient; je les élève pour être bien partout et pour être mieux quelque part; tout mon système d'éducation est renfermé dans cette maxime de Bacon : *Optimum elige, suave et facile illud faciet consuetudo.* * »

On sonna le déjeûner, et Mme de Mérange, qui avait appris l'arrivée de sa cousine, vint au-devant de nous. Je ne connaissais point cette dame, qui s'est fait de sa maison un Elysée dont elle ne sort presque jamais, et j'avoue qu'avant de l'avoir vue je n'avais pas une idée complète de tout ce que la grâce, la bonté, la douceur peuvent ajouter de charmes à la beauté même.

Nous trouvâmes dans la salle à manger le père de Mme de Mérange (le vieillard goutteux le plus aimable et le plus gai que j'aie rencontré de ma vie); un jeune homme et sa sœur, dont le père, en quittant la France, n'a trouvé d'autre asile pour ses enfans que la maison de son ami de collége; et un M. André, philosophe d'une espèce très-rare, lequel, de son vivant, a forcé Mme de Mérange à accepter un

* Choisissez ce qu'il y a de mieux; l'habitude le rendra facile et agréable.

héritage de plus de 30,000 livres de rente qu'il avait fait, à condition de le loger dans une mansarde de sa maison, de le nourrir avec des légumes, et de lui mettre tous les lundis 12 francs en gros sous sur sa cheminée.

Mme de Mérange me présenta à son père. « Soyez le bienvenu, Monsieur l'Hermite, me dit-il; j'avais grande envie de vous connaître; mais, parbleu! je n'aurais pas été vous chercher, et je ne vous rendrai pas votre visite, je vous en préviens: la goutte a cela de bon qu'elle dispense d'être poli. — C'est Monsieur qui a vécu si long-tems parmi les sauvages de l'autre monde? reprit le philosophe André. — Moi-même! — Vous y retournerez, j'en suis sûr. — Je n'aurai pas le tems. »

Pendant le déjeûner, où l'on ne servit que du café, du beurre et des œufs, nous nous amusâmes beaucoup du babil aimable des enfans, que le grand-papa provoquait de son mieux. « Prenez garde, mon père, dit en souriant Mme de Mérange, ne fournissez pas à l'Hermite le sujet d'un second chapitre sur *les Enfans d'aujourd'hui*.* — Ma foi, s'il ne trouve pas

* Voyez le tome 1er de *l'Hermite de la Guiane*.

ceux-là charmans, répondit le vieillard, je ne sais pas ce qu'il lui faut. — Soyez tranquille, répliquai-je, tout ce qu'on voit ici fait exception à la règle. — Ce repas est le leur, continua Mme de Mérange; ils s'y dédommagent du silence qu'ils gardent à dîner; mais s'ils nous ont ennuyés, nous allons le leur rendre : voici les journaux! » Cette annonce était un signal : Charles et Caroline se levèrent de table et s'enfuirent au jardin.

« En venant passer la journée dans notre couvent, me dit M. de Mérange, vous vous êtes exposé à en subir la règle : nous ne vous ferons grâce de rien, pas même de la lecture des journaux, que nous avons coutume de faire en commun après déjeûner; nous donnons tous les matins une heure à la politique pour n'y plus revenir du reste du jour.—Ce n'est pas la moins bien employée, du moins pour moi, répondit le grand-papa : depuis que je ne puis plus m'occuper de mes propres affaires, où je n'ai jamais entendu grand'chose, j'aime beaucoup à régler celles de l'Etat, où je n'entends rien du tout. C'est une manie qui ne tire pas à conséquence à mon âge, et qui ne fait de mal à personne. »

Le jeune homme commença la lecture; elle fut souvent interrompue par des remarques qui donnèrent lieu à des discussions et jamais à des disputes; car dans cette heureuse famille, où le bonheur public est la pensée commune, l'esprit de parti n'égare pas l'opinion; l'intérêt personnel ne corrompt pas le jugement, et le mot de *patrie* n'a qu'une acception. Comme on sait ce que l'on veut et qu'on ne craint pas que les autres le sachent, on dit franchement ce que l'on pense; et de même qu'en fait de religion on ne reconnaît d'autorité que les livres saints, en fait de politique on ne reconnaît d'autorité que la Charte constitutionnelle : c'est de là que l'on part pour juger les hommes et les choses, pour prononcer entre le ministère et les chambres, pour motiver ses répugnances ou ses affections politiques.

La séance du déjeûner est toujours levée à midi; jusqu'à quatre heures, Mme de Mérange se retire dans son appartement avec sa fille et la jeune orpheline qu'elle a adoptée, pour se livrer avec elles aux soins domestiques et présider à leurs leçons. Pendant ce tems, son mari, son pupille, et son fils, sorti depuis quelques mois des mains des femmes, vont se livrer à des études plus sérieuses, que M. de Mérange dirige sur un plan dont le philosophe André est l'inventeur. Je ne puis le faire connaître ici qu'en indiquant la base sur laquelle il repose. M. André établit en principe « que les hommes pensent d'après leurs inclinations, parlent d'après leur instruction, et agissent conformément à leurs habitudes. » En conséquence, l'éducation, dans son système, a trois objets distincts : diriger les penchans, faciliter l'instruction, former les habitudes. A en juger par quelques-uns des résultats dont j'ai été témoin, cette doctrine renferme tous les élémens d'une éducation parfaite.

M. de Mérange, dont la conduite et les sentimens sont également libéraux, a formé, dans un corps-de-logis séparé de son habitation, une espèce d'école dont il paie les maîtres, et dans laquelle il admet les enfans de quelques-uns de ses voisins. Je ne connais pas d'établissement plus honorable et plus digne d'un véritable citoyen.

A quatre heures, le travail est fini dans cette maison, ou du moins tout ce qui s'y fait dans le reste de la journée est mis au nombre des plaisirs. Mme de Mérange sort avec sa fille et va visiter ce qu'elle appelle *ses ménages;* elle donne ce nom à de pauvres familles du quartier qu'elle habite, et dont elle est la bienfaitrice.

Mme de Mérange ne se borne pas à de vains secours du moment : en soulageant les besoins présens, elle prévoit ceux de l'avenir, et ne se montre pas moins active dans les services qu'elle rend, que généreuse dans les bienfaits qu'elle prodigue.

Mme de Lorys avait eu seule la permission de la suivre dans une promenade où elle n'a jamais que sa fille pour compagne; j'étais resté avec M. de Mérange, avec qui je visitai en détail une habitation dont le terrain est assez vaste pour qu'il ait trouvé le moyen d'y établir une espèce de petite ferme où ses enfans s'instruisent, en s'amusant, des détails de l'économie rurale, et dans laquelle il fait lui-même l'essai des procédés nouveaux qu'il n'emploie en grand dans ses terres qu'après s'être assuré du succès des premières expériences. Charles s'essaie à manier la bêche et le rateau. Sa sœur a soin d'une petite basse-cour; elle élève aussi des vers à soie, et cette branche d'industrie, qu'elle cultive avec soin, n'a déjà plus de secret pour elle.

Nous dînâmes, à cinq heures précises, avec quelques amis qui ont leur couvert mis dans cette maison, et qui m'ont tous paru dignes d'y être admis. On tint table assez long-tems, par égard pour le grand-papa, que ses infirmités empêchent depuis quelque tems d'assister au repas du soir. La conversation fut instructive sans être pédante. Le philosophe André, en mangeant ses carottes, soutint avec esprit, entr'autres paradoxes, « que le dix-huitième siècle était, à tous égards, le plus remarquable de tous ceux dont s'honorait l'histoire des hommes, et que la raison humaine avait fait plus de progrès dans la première moitié de ce siècle de lumière que dans les quatre ou cinq mille ans qui l'ont précédé. »

Quand on vint à parler de théâtre, il ne se montra pas moins hétérodoxe : il déclama contre la règle qu'il appelle le préjugé des trois unités. « Corneille, Racine et Voltaire, dit-il, ont illustré la scène par des chefs-d'œuvre au-delà desquels il n'y a plus rien de possible dans le système dramatique qu'ils ont adopté, j'en conviens; mais plus le sentier qu'ils ont suivi est étroit, plus la trace qu'ils y ont laissée est profonde, moins il faut les y suivre : la route est maintenant toute ornière; frayez-vous-en donc une autre dans la plaine; prenez vos prédécesseurs pour modèles et non pas pour guides. La tragédie et la comédie régulière sont faites, parfaites; reste à faire autre chose. » Aussitôt on cria au mélodrame, et bien en prit au philosophe de se trouver loin du grand-papa, qui l'aurait, je crois, battu, pour venger l'honneur de Racine et de Molière, qu'il croyait compromis dans une pareille discussion.

Après le dîner, on passa dans le salon, et dès ce moment le maître de la maison parut abdiquer son autorité entre les mains de sa femme: les enfans furent remis aux soins d'une gouvernante, et la meilleure mère de famille ne laissa voir que la plus aimable des femmes. Marmontel a dit que l'art de concilier les prédilections avec les bienséances était le secret des ames délicates : ce secret est celui de Mme de Mérange; je ne me lassai pas d'admirer le parti qu'elle en tirait au milieu de la société brillante

DE L'ILE SAINT-LOUIS. 49

et nombreuse qui se rassembla le soir chez elle, et dont elle était à-la-fois le nœud, le charme et l'ornement.

J'ai parlé dans le Discours précédent du souper qui termina si gaîment cette utile et agréable journée.

LES DEUX AMOURS.

*... Amorem hæc cuncta vitia sectari solent.
Cura, ægritudo, nimiaque elegantia....
Inhæret etiam aviditas, desidia, injuria.*
PLAUTE.

L'inquiétude, le chagrin, une recherche extrême dans la parure, l'avidité, la paresse et l'injustice, tels sont les désordres qui accompagnent l'amour.

L'accord de l'amour et de l'innocence semble être le Paradis sur la terre : c'est le bonheur le plus doux et l'état le plus délicieux de la vie.

J. J. ROUSSEAU.

J'ai aimé deux fois dans ma vie ; et, dans cette double épreuve, j'ai reconnu que ce sentiment était le plus grand des maux quand il n'était pas le plus grand des biens. Je retrouverais peut-être dans la profondeur de mes souvenirs l'image confuse des maux que cette passion m'a fait souffrir et des plaisirs qu'elle m'a fait goûter ; mais ce que je sens encore, j'essaierais

A. Desenne del.   C. Johannot sc.

en vain de l'exprimer : dans l'homme moral, comme dans l'homme physique, le cœur est la dernière partie que la vie abandonne; il pourrait arriver qu'un vieillard éprouvât les transports de l'amour, mais il ne saurait ni les inspirer ni les peindre. J'ai dès long-tems prévu cette cruelle décadence, et j'ai trouvé le moyen d'y échapper, en prenant pour ainsi dire note de mes sensations et de mes sentimens, comme on fixe d'un trait sur la muraille l'ombre fugitive qui passerait sans y laisser de trace.

J'ai écrit mes mémoires sans autre but que de me comparer à moi-même, et de pouvoir, en bon comptable, dresser à toutes les époques de ma vie le bilan de ma situation physique et morale.

L'amour, qui tient une si grande place dans les destinées humaines, a eu sur les miennes une double influence, si parfaitement compensée, que je me trouve, à ce sujet, dans la même perplexité où se trouvait Corneille par rapport au cardinal de Richelieu :

Il m'a fait trop de bien pour en dire du mal ;
Il m'a fait trop de mal pour en dire du bien.

Les deux épisodes suivans, que j'extrais du

volumineux manuscrit de mes mémoires, ne sont que le commentaire de cette antithèse.

« J'atteignais à peine ma vingtième année, et j'étais venu passer quelques mois à Paris, au retour de ma première campagne maritime. Je n'étais pas dépourvu d'agrémens extérieurs, et l'on me citait déjà comme un de ces jolis hommes *dont la première barbe croît sous l'haleine des filles*, comme dit Shakespear. Le hasard me fit rencontrer, à un des petits spectacles de la foire Saint-Germain, où j'allais tous les soirs avec mon ami Alph.... B....c., une très-jeune et très-jolie danseuse que l'on nommait *Nanine*, dont je ne tardai pas à devenir éperdument amoureux. Je n'assurerai pas, quoi qu'en aient pu dire mes yeux et mon cœur, qu'il n'y eût alors à Paris quelques femmes plus belles ; mais ce dont je suis sûr, aujourd'hui même que la plus douce de mes illusions est détruite, c'est qu'il est impossible de réunir des contrastes plus séduisans, plus de tendresse et de coquetterie, plus d'irrégularité dans les traits et de charmes dans la physionomie, plus d'élégance et de naïveté, plus de mobilité dans l'esprit, de grandeur d'ame et de faiblesse de caractère ; elle prenait à son gré, toutes les formes et se parait de tous les caprices; il était plus facile de ne pas l'aimer que de n'en pas être idolâtre. Je le fus comme on pouvait l'être à vingt ans, avec une ame neuve et passionnée. Nanine m'aima, et j'achevai de perdre la raison.

Mon congé venait d'expirer; un vieux cousin, chez lequel je demeurais à Paris et qui me servait de tuteur, me signifia l'ordre de partir : je crus entendre mon arrêt de mort; j'imaginai cent prétextes pour prolonger mon séjour; il en découvrit le motif, et n'en pressa que plus vivement mon départ.*

Nanine partageait mon désespoir, dont elle connaissait la cause, et m'aidait de son mieux à retarder une séparation dont elle gémissait, mais qu'elle regardait comme inévitable. Cette idée, contre laquelle se brisaient toutes les forces de mon ame, me suggéra la plus extravagante des résolutions : je proposai à Nanine de l'épouser. « Je vous aime trop pour cela, me dit-elle d'un ton léger et tendre tout à la fois : à votre âge, et dans le rang où vous êtes, il n'y

* Voyez le 1er volume de *l'Hermite de la Chaussée-d'Antin*, page 337.

a pour vous, mon cher Paul, qu'un moyen de parvenir, la considération ; vous la perdriez en m'épousant ; nous ne manquons pas d'exemples qui prouvent que l'on s'en passe avec de la fortune ; nous n'en avons ni l'un ni l'autre, et en nous épousant nous nous en fermerions à jamais le chemin. Maintenant, voulez-vous des objections plus fortes, quoique moins raisonnables ? Vous êtes pour moi la preuve, et j'en fournirais quelques autres, que je puis aimer beaucoup mon amant ; mais, je dois l'avouer, je ne serais pas aussi sûre d'aimer mon mari. Je ne suis pas éloignée de croire que l'amour n'est plus un plaisir du moment qu'il cesse d'être une folie ; et vous êtes le dernier homme avec qui j'en voudrais faire l'expérience. Ne parlons donc plus de mariage ; et, à cela près, faisons tout autre serment d'une fidélité inviolable. » J'en pris le Ciel à témoin ; il sait si c'est moi qui l'ai violé.

J'avais pour tuteur un parent qui ne ressemblait pas mal au commandeur du *Père de Famille* ; pour ajouter à la ressemblance, il sollicita un ordre ministériel pour faire enfermer Nanine ; elle en fut instruite la première. « Votre cousin, me dit-elle un soir que je la ramenais du théâtre, a trouvé un moyen tout simple de nous séparer, c'est de vous faire conduire à Rochefort par un officier de maréchaussée, et de me faire remettre aux *Madelonettes* par lettre de cachet : l'intention est bonne, il n'était pas obligé de savoir que j'ai plus de crédit que lui à la cour..... » Je ne me connaissais plus ; j'étais furieux et je formais les projets les plus désespérés... « Vous ne vous arrêtez pas au plus simple, interrompit-elle; faites venir des chevaux de poste, et partons ensemble pour Rochefort. » Je tombai à ses genoux ; j'épuisai le langage et les transports de l'amour pour lui témoigner ma reconnaissance. A quatre heures du matin nous étions sur la grande route.

A peine arrivés à Rochefort, je reçus l'ordre de me rendre à bord de *l'Apollon*, qui faisait partie de l'escadre destinée à la station des mers de l'Inde. Nous devions mettre à la voile dans quelques jours; quel parti prendre? « Nanine, lui dis-je, j'ai bien interrogé mon cœur: il m'est impossible de vivre sans vous ; au risque de tout ce qui peut m'arriver, je reste à terre, si vous refusez de me suivre...—Aux

Indes ?.... Cela demande réflexion. — Ah! ne prenez conseil que de notre amour; songez qu'il y va de ma vie, de mon honneur. — Quand j'y consentirais, le moyen d'exécuter.... — J'ai tout prévu : chaque officier a le droit d'embarquer un mousse pour son service... (Nanine rit aux éclats). — Le sort en est jeté, reprit-elle, il ne sera pas dit que j'aie reculé devant la plus insigne folie. »

Voilà Nanine transformée en mousse, mais en mousse tel que l'imagination d'Ovide aurait pu nous peindre l'Amour. Que n'aurais-je pas donné pour qu'elle parût moins jolie! C'est le seul sacrifice que je ne pus obtenir d'elle. Comme je craignais sur-tout la première impression que pourrait causer sa présence, je ne la conduisis à bord que le soir même du jour où nous appareillâmes, et j'obtins qu'elle ne se montrât le lendemain que lorsque nous eûmes perdu de vue les côtes.

L'équipage était réuni sur le pont, le capitaine Saint-Hilaire en passait la revue, et Nanine, sous le nom de Jules, était portée sur le contrôle. On l'appela : comme mon cœur battait! Elle parut, et un cri d'admiration sortit de toutes les bouches. M. de Saint-Hilaire, que j'avais examiné plus attentivement que les autres, jeta sur Nanine un regard scrutateur qu'il arrêta sur moi d'une manière très-expressive.

Après la revue, il donna l'ordre au petit Jules de le suivre dans la chambre du conseil. L'audience durait depuis un quart d'heure; je ne pouvais plus contenir mon inquiétude : j'entrai dans la salle, où je trouvai Nanine en pleurs; je ne doutai plus qu'elle n'eût révélé notre secret.

M. de Saint-Hilaire me fit une très-sévère réprimande, et n'oublia pas de me citer l'article de l'ordonnance où ma faute était prévue. Je répondis, avec emportement, que j'en invoquais toute la rigueur, et que je demandais à être débarqué avec Nanine sur la première terre où nous toucherions. Le capitaine, qui me parut moins offensé de mon langage que touché des larmes de mon aimable complice, nous parla avec plus de bonté, et il fut convenu que Nanine, qui ne pouvait espérer de rester inconnue sous un pareil travestissement, reprendrait les habits de son sexe, et occuperait, sous la dunette de la frégate, la chambre la plus voisine de celle du capitaine. Cet arrangement ne faisait pas le mien ; mais les objections que je pouvais y voir n'étaient pas de nature à le faire changer.

Pour se faire une idée de l'effet que produisit la vue de Nanine lorsqu'elle parut pour la première fois à table, au milieu de dix à douze officiers dont le plus âgé n'avait pas quarante ans, il ne suffit pas de se placer sous un charme semblable dans le cercle des habitudes ordinaires de la vie : il faut avoir entrepris une longue navigation, et avoir connu par expérience le pouvoir d'un regard féminin sur une société de deux ou trois cents hommes enfermés dans un vaisseau et condamnés au supplice de ne voir que des mentons barbus pendant quatre ou cinq mois. Nanine eût été distinguée dans la foule des jolies femmes ; qu'on juge des hommages dont elle fut l'objet dans un lieu où elle n'avait point de rivale ! Elle en jouit avec toute la coquetterie de son caractère, et j'en souffris avec toute la jalousie du mien.

(Je supprime le récit trop long de mes inquiétudes, de mes tourmens, dans cette cruelle traversée, où mon amour s'accrut de toutes les raisons qui auraient dû l'affaiblir.)

Nouvelle Armide, Nanine avait allumé l'amour et la discorde dans tous les cœurs; semblable à la dorade brillante (pour tirer ma comparaison du lieu même où s'exerçait son empire), elle se jouait au milieu des flots et semblait se reposer sous la tempête. Toute la prudence, toute la sévérité de M. de Saint-Hilaire avaient peine à contenir parmi nous des ressentimens, des haines, dont chaque jour augmentait la violence; il ne vit d'autre moyen de mettre un terme au désordre que d'en éloigner la cause, et j'ai tout lieu de croire qu'en cette circonstance il s'imposait à lui-même un pénible sacrifice. En arrivant à Mahé, sur la côte Malabar, il fit débarquer Nanine, en me prévenant qu'il la recommandait aux soins du gouverneur, et crut devoir me consigner à bord pendant tout le tems de la relâche. Je n'étais pas homme à balancer sur le parti que j'avais à prendre : je quittai le vaisseau pour n'y plus rentrer; je rejoignis Nanine, et nous parvînmes à gagner Surate.

Heureux de posséder en liberté le seul bien que je connusse au monde et que j'avais pu craindre de perdre, sans soins d'un avenir que j'abandonnais tout entier à l'amour, quelques mois de ma vie s'écoulèrent encore dans le délire d'une passion funeste à laquelle j'avais tout sacrifié, et qui me préparait une destinée si bizarre.

(Je laisse encore les détails de nos aventures à Surate, de la sensation extraordinaire que Nanine y produisit, des succès qu'elle y obtint aux dépens de mon repos et de mon bonheur, et j'arrive au moment fatal qui rompit si douloureusement les premiers nœuds que j'aie formés.)

J'étais absent depuis quelques heures; en rentrant chez moi, je n'y trouvai plus Nanine; une de ses femmes me remit la lettre suivante, que je lus avec un déchirement de cœur qu'il est impossible d'exprimer :

« Je vous quitte, mon cher Paul, avec plus de repentir que de regrets; j'en conviens en rougissant : je ne pouvais plus rien pour votre bonheur; j'ai cessé de vous aimer, et il ne dépend plus de moi de vous offrir ce seul dédommagement aux maux prêts à nous assaillir. S'il eût été possible de fixer mon cœur, vous auriez fait ce miracle; personne ne m'avait inspiré et ne m'inspirera jamais un sentiment aussi tendre que celui dont je crois vous avoir donné des preuves. Convaincue que l'amour peut tenir lieu de tout, aussi long-tems qu'il existe, je ne vous parle ni des sacrifices que vous m'avez faits, ni de ceux que j'ai été assez heureuse pour vous faire. Nous nous sommes aimés : nous sommes quittes. Quand j'ai refusé de vous épouser en France, je prévoyais ce qui m'arrive aux Indes : j'avais le pressentiment d'un mal dont je voulais du moins m'assurer le remède; je l'ai trouvé dans une séparation que j'ai crue nécessaire du moment où j'ai pu la croire possible.

» Vous n'êtes pas en état d'apprécier aujourd'hui les motifs qui m'ont fait agir; et, du caractère que je vous connais, j'ai dû commencer par me mettre à l'abri de vos recherches : vous n'entendrez plus parler de moi qu'au moment où vous vous embarquerez pour retourner en France.

» Adieu ! mon cher Paul... Que ce mot me coûte à prononcer ! vous en jugerez à mes larmes qui l'ont effacé. Après m'avoir tant aimée, mon ami, ne me haïssez pas; et quand un autre amour aura expié ma faute, songez alors que l'amitié vous réserve la première place dans le cœur de la volage Nanine. »

Il semble que la nature, en créant l'un après l'autre les plaisirs qu'elle a éparpillés dans la vie, se soit, à chaque fois, repentie du présent qu'elle nous faisait, et qu'elle ait pris à tâche de nous dispenser de la reconnaissance, en accompagnant chacune de ses faveurs d'un mal plus grand que le plaisir qui le précède. L'inconstance de Nanine, à laquelle auraient dû me préparer depuis si long-tems ses infidélités, déchira mon cœur, jeta le désordre dans mon ame, et fit une révolution dans toute mon existence, comme ces maladies violentes à la suite desquelles on renaît avec une constitution nouvelle.

Trahi par une danseuse, j'enveloppai tout son sexe dans un ressentiment que je déguisais sous le nom de mépris. J'adoptai sur les femmes l'opinion des peuples au milieu desquels je me trouvais : je ne voulus plus y voir que des êtres trop tendres pour conserver des impressions durables, et parmi lesquels il n'y avait de choix à faire qu'entre la vieille ou la jeune, la laide ou la jolie, la brune ou la blonde.

Dans l'espace de plus de vingt ans qui s'écoula depuis l'abandon de Nanine jusqu'à mon arrivée dans les forêts de la Guiane, l'amour n'approcha plus de mon cœur; car je n'appellerai point de ce nom cet échange de fantaisies, ces liaisons de caprice, ces surprises des sens, qui ne laissent aucune trace, pas même dans l'esprit; qui ne laissent aucun souvenir, pas même dans la mémoire. J'étais arrivé à cette époque de la vie où la maturité de l'âge nous éclaire à regret sur les illusions de la jeunesse. Désabusé de l'amitié, qui m'avait trahi, de la gloire, qui n'est trop souvent que le hasard, de la fortune, dont ses favoris m'avaient dégoûté, je me croyais surtout détrompé de l'amour, qui ne s'offrait à ma pensée que sous l'escorte des maux dont il avait été pour moi la source.

J'habitais, depuis quelques jours, le pays des Zangaïs, où m'avait conduit la plus étrange destinée qu'un homme ait peut-être jamais subie, lorsque l'ancien de la tribu vint me présenter lui-même la jeune Amioïa, qu'il me destinait pour épouse.* Il y a des objets qu'il faut peindre pour rendre croyable le récit des événemens où ils figurent.

Amioïa touchait à sa treizième année; elle

---

* Voyez *l'Hermite de la Guiane*, tome Ier, page 79.

était née d'un père zangaïs et d'une mère métisse. Ses traits, sans être de cette régularité parfaite qui constitue la beauté chez les peuples européens, avaient un caractère particulier de grâce et de douceur féminines, dont le charme s'imagine plus facilement qu'il ne peut se rendre.* Dans un climat où les femmes n'ont presque pas d'enfance, l'âge de cette belle Zangaïde touchait à celui que la nature a marqué pour le développement des formes charmantes dont elle était pourvue; sa taille avait de la mollesse et de l'élégance; ses grands yeux noirs s'embellissaient d'une expression pleine d'innocence et de volupté : son regard était déjà une caresse, et le son de sa voix un plaisir.

Le hasard qui voulut, en nous réunissant, justifier toutes les invraisemblances, m'apprit, à plus de quarante ans, le secret de mon propre cœur : une enfant sauvage me fit connaître l'amour, et je rougis du sentiment auquel j'avais jusqu'ici donné ce nom. Cet hymen,

* M. Desenne semble l'avoir deviné dans sa jolie gravure qui se trouve en tête du 1er volume de *l'Hermite de la Guiane*, où je suis représenté plus jeune que je ne l'étais alors.

contracté au sein des forêts, entre deux êtres si peu faits pour se rencontrer, devint la source d'un bonheur pur, égal, sans trouble, sans mélange, dont la durée appartient sans doute à un autre ordre de choses.

Je ne dirai pas, faute de le concevoir moi-même, par quelle gradation nouvelle de sentimens et de sensations je passai d'un intérêt doux et tendre qui avait quelque chose de paternel, à cet amour passionné dont je n'avais encore connu que les tourmens, pour arriver à cette félicité des anges dont la réalité n'exclut pas l'espérance, où le repos même est un délire.

Quand je cherche à me rendre compte du bonheur dont j'ai joui, je trouve qu'il se formait d'élémens tout-à-fait opposés à ceux dont l'homme de la société cherche à composer le sien. La constance, la tranquillité d'esprit, l'uniformité de la vie, la nature et la liberté, telle était la source d'un bien-être qu'il n'a peut-être été donné qu'à moi seul de connaître et d'apprécier dans toute son étendue.

La plus douce des expériences m'a convaincu que les femmes passaient bien plus facilement que les hommes de l'état sauvage aux habitudes de la civilisation; ma jeune compagne, dont l'éducation était le plus agréable de mes délassemens, devinait tout ce que je voulais lui enseigner : quand elle apprenait, elle avait l'air de se ressouvenir; et, jusque dans sa modeste nudité, on retrouvait je ne sais quel charme de pudeur, quelle grâce de parure, dont la société seule semblerait devoir donner l'idée.

« Dans ces climats brûlans, comme dit Montesquieu, on aime l'amour pour lui-même; il est la cause du bonheur, il est la vie. » Ce serait bien vainement, je crois, que je chercherais à faire entendre à un habitant de Paris ou de Londres tout ce qu'il y avait de délices dans la situation que je vais décrire.

Aux premiers rayons du jour, je prenais mon arc et mes flèches, et je sortais pour aller à la chasse; le plus souvent Amioïa m'accompagnait et me servait de guide. Arrivé dans le canton que je voulais parcourir, je la laissais sur le bord de quelque cataracte, au sommet de quelque colline, où elle attendait mon retour en tressant avec un art merveilleux les plumes de mille oiseaux divers dont elle fabriquait nos légers vêtemens.

Une heure suffisait pour m'assurer les provisions du jour. Je me hâtais de rejoindre ma douce compagne, et, tranquilles sur nos besoins, nous ne songions plus qu'à nos plaisirs.

Errant alors sans but en sans objet dans ces contrées où la nature surabondante a prodigué tant de merveilles, avec quel enivrement nous admirions ses beautés, auxquelles notre amour prêtait de nouveaux charmes! Avec quelle ardeur je suivais mon agile compagne s'élançant au sommet d'une colline où la nature semblait avoir rassemblé à plaisir tout ce qui peut enchanter le cœur et les yeux! De quel regard d'amour je suivais tous les mouvemens de ce beau corps,

> Paré de grâce et vêtu d'innocence!

Assis à ses côtés, je m'écriais avec transport, comme le père des hommes, dont je partageais alors la félicité : « La source de nos biens réside en nous-mêmes; nos besoins mêmes sont nos plaisirs; ils sont attachés à nos sens, et chaque partie de moi a les siens pour t'aimer.* »
La fille des forêts n'avait point lu Milton, mais

---

* *Paradis perdu*, livre 4.

la nature et l'amour n'ont qu'un langage. « J'ai
» admiré, me disait-elle en soupirant, l'éclat
» du soleil et la sérénité du jour, les fleurs des
» champs, leurs vives couleurs; j'ai respiré le
» parfum de l'oranger et de la rose; mais ta
» présence est pour moi mille fois plus agréable
» encore, et ce sentiment, que j'éprouve, ren-
» ferme en lui seul tous les autres. » Ces tendres paroles s'exhalaient de sa bouche, où je les
recueillais avec son haleine, plus douce que le
souffle du printems. La constance n'était pas le
prix d'un attachement si pur, elle en était l'a-
liment :

> Parmi tous les êtres du monde,
> Nous nous choisissions tous les jours;

et nous trouvions dans ce besoin de fidélité
tous les attraits de la préférence.

Amioïa devint mère. Ce moment m'apprit
tout ce que le cœur d'une femme peut renfer-
mer de tendresse, et toute la distance que la nature a laissée, sur ce point, entre les affections
des deux sexes. Amioïa près du berceau de son
fils! Jamais tableau plus délicieux n'a frappé
mes regards : quels soins! quelle entière abné-

gation de soi-même! quelle touchante idolâtrie! Elle perdit, au bout de quelques mois, ce premier fruit de l'amour, et sa tendre superstition la sauva de l'ivresse de sa douleur : elle était persuadée qu'un enfant pouvait revivre dans une fleur arrosée avec le lait de sa mère; et je me gardais bien d'affaiblir, par le moindre doute, une croyance religieuse où son ame puisait la force dont elle avait besoin pour vivre. J'avais élevé de mes mains, sur le bord du fleuve, un petit monument recouvert d'arbrisseaux, au milieu desquels Amioïa, sur la place même où reposait son fils, avait planté un jeune corossol. Chaque soir, au cri de la perrique aux ailes d'or,* elle revenait visiter le berceau funéraire, et, penchée sur l'arbuste, elle arrosait de son lait et de ses larmes la fleur solitaire du corossol, dont la couleur d'un jaune pâle est un emblême de la nature mourante.

Quatre ans s'étaient écoulés dans les délices de cette douce union. Un jour que je revenais de la pêche, où j'avais été seul avec Zaméo, je laissai à celui-ci le soin de remonter la barque

* Espèce de perroquet de la Guiane, dont le cri se fait entendre au coucher du soleil.

en suivant le rivage, et, pour arriver plus tôt à la case, où m'attendait Amioïa, je pris mon chemin à travers une longue savane desséchée, dont le chemin praticable ne m'était pas bien connu. Je marchais depuis quelque tems, et je m'étais arrêté sur une hauteur, d'où je cherchais à m'orienter sur le cours du soleil, qui descendait vers l'horizon; pressé par la soif, je cueillis, sans beaucoup d'attention, sur un arbre qui se trouvait à ma portée, un fruit vert, d'un goût légèrement acide; j'en avais à peine mangé quelques grains que je fus saisi de douleurs violentes, suivies d'un engourdissement auquel je succombai, sans perdre entièrement connaissance. J'étais depuis une heure dans cet état, lorsque j'aperçus Amioïa et Zaméo, qui me cherchaient dans la savane où ils supposaient que je pouvais m'être égaré. Dans l'impossibilité de me lever, je parvins à me faire entendre; Amioïa reconnaît ma voix, elle accourt la première, me voit, frémit, et m'interroge avec inquiétude; je n'ai que la force de lui montrer l'arbre fatal : elle pousse un cri d'épouvante, s'élance, et arrache une grappe entière du fruit empoisonné, qu'elle dévore. Cette action terrible, à laquelle je ne pus opposer que de vains efforts, est aperçue de Zaméo; il entend mon geste, se rend maître d'Amioïa, et, d'une main hardie, va saisir jusque sous ses dents les débris vénéneux dont le suc a déjà passé dans ses veines. Zaméo, qui connaissait la propriété de cet arbre funeste, savait aussi qu'il portait avec lui son antidote. Il en détacha quelque portion d'écorce, qu'il broya entre deux pierres; il la délaya ensuite dans la liqueur du cocotier dont il avait rempli sa gourde, et qu'il nous fit boire. L'efficacité de ce remède fut telle, qu'au bout de quelques heures de repos nous pûmes retourner à la case.

Je guéris en peu de jours ; mais Amioïa lutta plusieurs mois contre l'activité d'un poison qu'elle avait pris à plus forte dose. Je ne dirai pas que cet acte de dévoûment augmenta mon attachement pour elle : il ne pouvait croître ; dès long-tems il remplissait tout mon cœur. La faiblesse de sa santé, altérée par cette longue maladie, retarda de plusieurs années un événement qui promettait de mettre le comble à notre bonheur, et dont il fut le terme : Amioïa perdit le jour en le donnant à une fille que nous avions nommée Amazilie. J'ai pu dire comme le poète Young :

My child thy cradle, was purchas'd with thy mothers' bier. *

Je ne puis, après vingt ans, arrêter ma pensée sur ce moment funeste, où je commençai moi-même à mourir. La tendre compagne de mon exil expira en embrassant son époux et sa fille, et sourit en tombant dans les bras de la mort.

J'avais promis de vivre pour Amazilie ; ses traits charmans me rappelaient sa mère, et son enfance avait enchanté les premières années de ma vieillesse. Je ne retracerai point ici un dernier malheur contre lequel il n'est qu'un seul recours, et que je n'ai supporté que parce que j'étais arrivé à un âge où ce n'est plus la peine de se donner la mort.

* Mon enfant, ton berceau fut le prix du cercueil de ta mère.

N° XXXIV. — 14 *février* 1816.

LES SOTS.

*L'esprit solide, éclairé, droit,
Du commerce des sots sait faire un bon usage :
Il les examine, il les voit,
Comme on voit un mauvais ouvrage ;
Des défauts qu'il y trouve il cherche à profiter.
Il n'est guère moins nécessaire
De voir ce qu'il faut éviter
Que de savoir ce qu'il faut faire.*
Mad. Deshoulières.

Il y a, de compte fait, trois espèces de sots : les sots qui ne savent point, les sots qui savent mal, les sots qui savent tout, excepté ce qu'ils devraient savoir. Cette dernière classe est aujourd'hui la plus commune ; nous ne sommes cependant pas encore menacés de perdre les deux autres.

J'ai besoin d'un avocat : on m'adresse à *Mérippe* ; une heure de conversation que nous avons ensemble me prouve qu'il a fait de grandes recherches sur la langue celtique, et que personne n'est plus propre que lui à enseigner le Bas-breton ; à la manière dont il disserte sur les antiquités des Gaules, on croirait qu'il a étudié au collége des Druides. Tout en lui faisant compliment sur son érudition, j'en viens à le consulter sur mon affaire; il s'agit d'un point de droit à établir sur les lois du Digeste: Mérippe est tout-à-fait étranger à ce genre d'études ; il ne s'est occupé des Pandectes de Justinien que pour s'assurer qu'elles ont été publiées le 17 des calendes de janvier 533, et qu'elles ont été retrouvées dans la ville d'Amalfi par l'empereur Lothaire. Mérippe, avec toute son érudition, est un sot avocat.

J'achève un ouvrage sur les puissances barbaresques, où je prouve que cette confédéraration de forbans ne sera pas détruite avant un demi-siècle, parce qu'il ne faut pas moins que cela pour que les Anglais puissent se passer de pareils auxiliaires ; mais comme je manque de notions exactes sur les mœurs et la politique de ces nations, dont j'écris l'histoire, je crois pouvoir me les procurer auprès d'*Hermas*, qui a passé trente ans de sa vie dans les régences.

en qualité de consul : j'ai pris note des questions que j'ai à lui faire, et dont il me dispense en m'apprenant « qu'il ne s'est point amusé à de pareilles bagatelles pendant son séjour sur la côte d'Afrique, où il a su employer son tems d'une manière plus utile, en spéculant sur le maroquin et sur les cafetières du Levant. »

L'humeur que m'avaient donnée ces deux hommes me suivit dans l'île Saint-Louis, où j'étais allé faire une visite à mon philosophe pythagoricien. Je le mis sur le chapitre des sots, dont il se constitua le défenseur officieux avec tant de chaleur et de bonhomie, que je fus assez long-tems sa dupe pour me donner l'air d'être son client. Je conserve à notre discussion la forme du dialogue, pour être plus sûr de n'y rien changer.

M. ANDRÉ.

On calomnie les sots, et l'on s'obstine, par envie, à méconnaître en eux des qualités dont je me fais hardiment l'apologiste.

L'HERMITE.

Il n'y a pas grand courage à venir au secours du plus fort.

M. ANDRÉ.

C'est déjà quelque chose de vous faire convenir de leur puissance.

L'HERMITE.

Je ne conviens que de leur nombre.

M. ANDRÉ.

Ils ont pour eux les gros bataillons, et le maréchal de Saxe lui-même assure que la victoire finit toujours par se fixer de ce côté-là.

L'HERMITE.

Ce n'est pas sérieusement, j'espère, que vous parlez de la gloire des sots?

M. ANDRÉ.

Je pourrais chicaner sur les mots *gloire* et *victoire*, qui ne sont synonymes qu'en vers; mais si, pour nous entendre, nous convenons de donner à l'un et à l'autre la signification du mot *succès*, vous ne me contesterez pas l'emploi que je viens d'en faire. Jugez par expérience, et osez me dire que l'amour-propre d'un sot n'est pas un des léviers les plus puissans qui soient au monde et le plus facile à mettre en jeu ? Quelle énergie dans le choc ! quel ensemble dans les efforts ! rien n'y résiste ; la masse est détachée, elle roule et fait son chemin par son propre poids.

L'HERMITE.

Jusque dans le marais, où elle s'enfonce....... En vérité, mon cher philosophe, vous donnez aussi trop d'importance à la sottise.

M. ANDRÉ.

Je lui laisse toute celle qu'elle a, et je la salue comme la reine du monde.

L'HERMITE.

Ainsi, vous détrônez l'opinion ?

M. ANDRÉ.

Non, vraiment ; je me contente d'observer qu'elles règnent souvent ensemble et qu'elles sont également à redouter.

L'HERMITE.

Craindre les sots ! c'est à quoi l'on se déciderait difficilement.

M. ANDRÉ.

On a grand tort. Ce sont des ennemis d'autant plus dangereux, qu'on les dédaigne davantage. Ils frappent des gens endormis ; si l'on s'éveille, et que le combat s'engage, ils font retraite; et le mépris qu'ils inspirent devient pour eux un asile où ils se retranchent comme la tortue dans son écaille. Un homme célèbre, qui a laissé plusieurs ouvrages d'esprit, dont sa fille est le meilleur, a fait un traité du *Bonheur des Sots*, dans lequel il ne leur tient pas assez de compte des qualités qu'ils mettent en œuvre pour arriver à cette félicité qu'on leur envie.

Les sots ont du caractère; comme on ne peut le nier, on appelle cela de l'*entêtement;* mais le mot ne fait rien à la chose. Ce qu'il y a de certain, c'est qu'ils veulent ce qu'ils veulent, qu'ils le veulent beaucoup, qu'ils le veulent toujours. On ne refusera pas de reconnaître leur franchise ; on en a donné la mesure dans cette observation : « Les enfans disent ce qu'ils font, les vieillards ce qu'ils ont fait, et les sots ce qu'ils feront. » Pour peu qu'ils pensent, on sait à quoi : ils ont l'ame *à fleur de peau.*

Je conviens que la fortune a toujours un caprice à leur disposition ; mais n'est-ce rien que d'être toujours là pour en profiter ? La fortune est aveugle ; elle court au hasard ; mais ils savent par où elle passe, et se mettent sur son chemin, tandis que les gens d'esprit se fatiguent à la poursuivre. De quel côté est le jugement ? Ils n'ont guère moins de chances que ceux-ci pour se faire une réputation ; car on l'obtient par une sottise heureuse, comme on la perd par un trait d'esprit imprudent. D'ailleurs, si vous voulez que je vous dise toute ma pensée en géomètre, je suis bien loin d'envisager la sottise et l'esprit comme deux lignes parallèles qui, conservant entr'elles leur distance, ne peuvent jamais se joindre : je vois, au contraire, plus d'un point où elles se rencontrent, je dirai même où elles se confondent ; il y a telle sorte d'esprit qui conduit à la sottise, comme il y a telle espèce de génie qui mène à la démence.

L'HERMITE.

Je commence à soupçonner, mon cher philosophe, qu'il entre un peu d'ironie dans votre éloge des sots, où je ne trouve de vrai que ce que vous dites de leur méchanceté. Sur ce point même je vais plus loin, et je pense, avec

J. B. Rousseau, que la sottise est la mère de presque tous les vices. Rien ne serait plus facile que de prouver cette filiation; mais le développement de cette vérité nous jetterait dans les abstractions d'une haute morale, qui n'est pas du ressort de la conversation. J'en reviens à ce que vous appelez les *qualités* des sots. Cette fermeté de caractère dont vous leur faites si gratuitement honneur est une de leurs prétentions les plus ridicules; faute d'opinions à eux, ils adoptent celles qu'on leur fournit, sans savoir d'où elles viennent, ni ce qui doit en résulter : ce sont des chapons à qui l'on fait couver des œufs de poule; il n'y a ni choix, ni affection dans leur fait; et les sots seraient, de leur nature, les plus inconstans des hommes, s'ils n'étaient fidèles à la bonne opinion qu'ils ont d'eux-mêmes et au désir de se venger; les sots sont implacables.

Quant à leur franchise, ce n'est, comme vous l'avez observé vous-même, que de l'indiscrétion; leur silence les trahit plus encore que leurs discours, car ils savent quelquefois ce qu'ils voudraient taire, et ne savent jamais ce qu'ils disent.

Notre conversation fut interrompue par l'arrivée de trois personnes que le hasard amena, je crois, tout exprès pour me fournir un exemple de chacune des espèces de sots dont j'ai parlé au commencement de ce Discours. M. André, en me les faisant connaître, confirma le jugement que j'en avais porté.

« Ce M. de Laubé, me dit-il (qui a fait en votre présence une sortie si déplacée contre les vieillards), a eu beaucoup de peine à devenir un sot. La nature n'en avait fait qu'une bête pure et simple ; à force de travailler sur ce fonds stérile, on est parvenu à y faire croître des ronces : cet homme n'eût été qu'ennuyeux; l'éducation l'a rendu insupportable. Il parle toutes les langues de l'Europe, ce qui lui donne le privilége de la sottise inévitable ; c'est une polyglotte vivante d'impertinences et de niaiseries. Il a un nom dont il pourrait tirer un avantage qui n'est point à dédaigner, principalement pour celui qui n'en a pas d'autre; et vous l'avez entendu déclamer contre la noblesse, et soutenir (avec un désintéressement dont il est bien loin de connaître toute l'étendue) que le mérite personnel est la seule distinction sociale qu'on doive reconnaître. En soutenant une pareille doctrine, il ne sait ni à quoi il s'expose, ni le ridicule qu'il se donne. Avant de connaître M. de Laubé, vous ne saviez certainement pas au juste tout ce qu'il était possible de débiter de sottises en un quart d'heure.

» La sottise est contagieuse. Ce M. Desmangin que vous venez de voir en est la preuve. Je l'ai connu homme de sens ; il a passé près de deux ans tête-à-tête avec le baron de Foncenay, dans sa terre de Grizolles ; il en est revenu presqu'aussi sot que le baron, dont il s'est approprié toute la présomption, toute la fatuité gothique et tous les ridicules. Cet homme est possédé du démon de l'importance : pour s'être bourré la cervelle de termes techniques, il se croit savant ; pour avoir aligné quelques lignes de prose, il se croit poète. M. Desmangin vient de vous faire connaître la part qu'il a eue aux nouvelles nominations académiques, d'où, s'il faut l'en croire, il s'est modestement exclu lui-même. S'il fût resté plus long-tems, vous sauriez les changemens qu'il veut opérer dans le ministère, le crédit dont il jouit à la cour, l'influence qu'il exerce dans les cabinets étrangers, et le rôle qu'il doit jouer dans les négociations qui se préparent; mais ce qu'il ne vous aurait pas dit, c'est que toutes ces prétentions-là n'ont pas le moindre prétexte, et qu'elles se trouvent logées dans la cervelle à l'envers d'un honnête bourgeois de Paris, jadis syndic des marguilliers de sa paroisse, et maintenant homme d'état, homme de lettres, homme du monde, de la façon du baron de Foncenay.

» Cet autre, si pincé, si gourmé, si précieux, qui a voulu disputer avec vous sur les productions de la Guiane, est ce que l'abbé Trublet appelle *un sot tout d'une pièce*. La nature et l'art ont travaillé de concert à la confection de ce petit modèle d'impertinence: ignorant et bavard, insolent et poltron, il n'a pas une idée à lui, il n'invente pas même les mensonges qu'il débite; mais l'effronterie, qui lui tient lieu de tout, même des vices qui lui manquent, l'a élevé au commandement de la redoutable phalange des sots. Cet homme est doué du singulier instinct de pressentir le mérite; il ne le voit pas encore, il aboie déjà sur sa piste, et la meute qui le suit est sûre de ne jamais prendre le change. L'aversion qu'il témoigne pour les gens d'esprit est la mesure exacte de leur mérite. Un homme comme celui-là, bien employé, ne serait pas sans utilité : ne se sert-on pas d'une pierre pour connaître la valeur de l'or ? »

N° XXXV. — 21 *février* 1816.

LES ACTEURS.

> *Meum qui pectus inaniter angit*
> *Irritat mulcet : falsis terroribus implet*
> *Ut magus ; et modò me Thebis, modò ponit Athenis.*
> HORACE, ép. 1, l. II.
>
> Par un mensonge heureux il attendrit mon cœur,
> L'irrite, ou le remplit d'une fausse terreur ;
> Enchanteur étonnant dont la voix souveraine
> Me transporte au milieu de Thèbes ou d'Athène.
> *Traduction de* DARU.

JE ne pense pas que, chez aucune nation civilisée, pas même chez les Grecs et les Français, l'art théâtral et ceux qui l'exercent aient jamais reçu de témoignages d'admiration aussi flatteurs que ceux que je me souviens de leur avoir procurés au fond des forêts de la Guiane.

La tribu féroce des *Otomacas*, chassée par les Espagnols du petit pays qu'elle habitait, ou plutôt qu'elle infestait, aux confins de la nouvelle Andalousie, était venue se réfugier sur les bords du lac Parima, dans le voisinage de la terre des Zangaïs. Du milieu des savanes où ils s'étaient retranchés, les Otomacas faisaient de fréquentes incursions chez leurs voisins, dont ils cherchaient sur-tout à enlever les femmes, distinguées entre toutes celles des nations caraïbes par leur beauté, leur taille et leur adresse. L'espèce de terreur que cette horde de sauvages avait inspirée, la difficulté de les poursuivre et de les atteindre dans des marais dont eux seuls connaissaient les passages, accroissaient chaque jour leur audace, et jetaient les Zangaïs dans un découragement dont leurs ennemis profitaient pour multiplier leurs rapines.

Une circonstance dont j'étais loin d'attendre un pareil résultat changea tout-à-coup la disposition des esprits: on se préparait à célébrer la fête annuelle du *Grand Fleuve*, et j'avais choisi cette solennité pour donner à mes compagnons sauvages une idée de nos jeux scéniques.

J'avais fait élever, en face de la cabane de l'*ancien* de la tribu, une espèce de théâtre où j'étais parvenu à figurer, en profitant des accidens du terrain, l'image du *carbet* des Otomacas. La pièce qu'on devait y représenter, sous le titre *des Bons et des Méchans*, n'était rien autre chose que la querelle qui divisait les deux peuplades.

Les *méchans*, sous la conduite de leur chef *Amucak*, sortaient de leur repaire pendant la nuit, en fondant à l'improviste sur les *bons*, dévastaient leurs plantations et enlevaient plusieurs jeunes filles, au nombre desquelles se trouvait la belle Amioïa (1). Dans le second acte, le vénérable de la tribu des *bons* assemblait ceux-ci, leur représentait les maux que leur faiblesse attirait sur eux, et finissait par leur ordonner ou de livrer toutes leurs femmes aux *méchans* s'ils n'avaient pas le courage de les défendre, ou de tirer vengeance de l'insulte qu'ils avaient reçue, en jurant de n'éteindre le *calumet* de la guerre qu'après avoir exterminé leurs ennemis.

Le discours du *vénérable* enflammait le courage des *bons*; le calumet de la guerre était al-

* Voyez *Une Journée aux bords de l'Orénoque*, dans le 1ᵉʳ volume de l'*Hermite de la Guiane*.

lumé : on nommait un chef; les guerriers se mettaient en marche; une jeune fille, qui s'était échappée des mains d'Amucak, leur indiquait les passages. Les *méchans*, surpris à leur tour, étaient vaincus, dispersés; la flamme dévorait leurs habitations, et la belle Amioïa, délivrée, ainsi que ses compagnes, était ramenée dans la tribu au milieu des cris de joie et de triomphe.

Il est impossible de décrire l'effet que produisit ce drame sur des hommes qui se trouvaient en même tems spectateurs, acteurs et personnages. Les sentimens dont ils avaient été animés pendant la représentation s'exaltèrent au point que, ne distinguant plus la vérité de la fiction, ils coururent aux armes, me nommèrent leur chef, et me forcèrent à aller jouer avec eux le second acte de ma pièce sur la terre des Otomacas, qui furent en effet attaqués, battus et dispersés comme l'indiquait mon dénouement. Je dois convenir que je ne m'étais pas promis un pareil succès.

Cette anecdote, dont il m'est plus facile d'attester la vérité que de démontrer la vraisemblance, prouve deux choses : la première, que le goût du théâtre, plus naturel qu'on ne le croit, n'est pas le fruit de la civilisation, mais qu'il en est un des moyens les plus puissans ; la seconde, qu'on ne saurait donner trop d'importance à la culture d'un art dont on peut obtenir d'aussi grands résultats.

« Il est à remarquer, me disait à ce sujet un monsieur Walker (que j'ai déjà fait connaître dans mes discours sur *les Lingères* et sur *les Revendeuses à la toilette*), que les peuples qui ont joué, sinon le plus grand, du moins le plus beau rôle sur la terre, ont été, à toutes les époques de l'histoire, ceux chez qui l'art dramatique a été cultivé avec le plus de succès. Les Grecs ont fondé aux jeux olympiques la plus belle partie de leur renommée ; et si les Romains, avec infiniment plus de puissance, n'ont pas acquis une gloire aussi solide, peut-être une des causes s'en trouverait-elle dans le préjugé barbare qui les portait à dégrader les arts, et particulièrement celui du théâtre, dans la personne de ceux qui l'exerçaient.

» Les Grecs, plus conséquens, honoraient une profession où, pour exceller, il faut réunir toutes les qualités du corps, de l'esprit et du cœur ; et tel était, ajoute l'abbé Dubos, leur estime pour les talens qui mettent de l'agrément dans la société, que leurs rois ne dédaignaient pas de choisir des ministres parmi les comédiens. On sait que Philippe de Macédoine avait pour favori le plus célèbre acteur de son tems.

» Les Français, qui ont surpassé les Grecs eux-mêmes par le degré de perfection où ils ont porté l'art dramatique, ne se sont pas montrés moins inconséquens, moins injustes que les Romains envers ceux de leurs compatriotes qui se vouaient à la profession du théâtre. Dans le tems où les personnes les plus augustes par leur naissance ne dédaignaient pas de monter sur la scène, et de s'y rendre les interprètes de Corneille et de Racine, on déclarait infâmes ceux qui tiraient un salaire de l'exercice d'un talent que l'élite de la nation cultivait pour son plaisir.

» Pour concilier cette étrange contradiction de l'amour de l'art et du mépris pour les artistes, on s'est rejeté sur l'irrégularité de leurs mœurs et sur les inconvéniens attachés à leur profession. On a voulu voir une espèce de déshonneur dans l'obligation imposée aux comédiens de venir, chaque jour, s'exposer en public, et de vendre à chacun, pour une modique somme, le droit de conspuer sa figure, de faire de chacun de ses gestes, de chacune de ses inflexions, le sujet d'une critique souvent exprimée de la manière la plus humiliante. Mais à cela ne peut-on pas répondre que les affronts, réservés dans tous les états à la médiocrité, ne peuvent atteindre ceux qui exercent honorablement un art libéral ?

» Quant aux mœurs des comédiens, j'ai sur ce point une opinion que je suis plus embarrassé d'énoncer tout entière, que de prouver jusqu'à l'évidence. Si l'on ne limite pas la signification de ce mot *mœurs* aux habitudes extérieures de la vie, si l'on y joint l'idée des vertus domestiques, des qualités sociales, je ne craindrai pas d'avancer que s'il n'existe aucune classe de la société où les mœurs soient plus relâchées, à certains égards, que dans celle des comédiens, il n'en existe aucune où les liens de famille soient plus forts et plus respectés.

» Il n'est que trop commun partout ailleurs de voir des enfans dans l'opulence laisser languir leurs parens dans la misère. Ce crime, le plus odieux peut-être de tous ceux qui déshonorent l'humanité, est presque sans exemple parmi les comédiens, chez lesquels il serait peut-être excusable. J'offrirais de parier qu'il ne se trouve pas dans Paris un citoyen de cette classe (bien entendu que j'en excepte tout ce qui ne doit pas y être compris) qui ne s'impose volontairement et qui ne remplisse, sans ostentation, quelques-uns de ces devoirs de famille trop souvent négligés par ces gens à morale austère, que le nom de *comédien* fait rougir, et qui ne rougissent pas d'occuper un hôtel dans la même ville où leur mère habite un grenier.

» Les comédiens sont, en général, bons parens, bons amis, bons camarades (l'intérêt de leur amour-propre à part).

» Les mœurs des comédiennes ont un côté excessivement faible, que je ne veux ni excuser ni défendre, pas même en examinant si les désordres que l'on reproche à la plupart d'entr'elles ne sont pas, avec un peu plus de scandale, les mêmes dont on se plaint dans les premières classes de la société. Mais, en les jugeant sur leur conduite, la justice exige que l'on fasse une part à l'indulgence : elle sera d'autant plus grande, qu'on doit y tenir compte des séductions de toute espèce qui les environnent, de l'âge où elles s'y exposent, des avantages physiques qui en multiplient pour elles l'occasion et le danger; enfin du préjugé qui leur apprend à mépriser cette partie de l'estime publique à laquelle on ne leur permet pas d'atteindre.

» Je résume mon opinion sur les comédiens, en vous citant les propres paroles du sévère Duclos :

« Si l'on considère, dit-il, le but de nos
» spectacles et les talens nécessaires dans celui
» qui se distingue dans cette profession, l'état de
» comédien prendra nécessairement dans tout bon
» esprit le degré de considération qui lui est dû ».

» Il s'agit maintenant, sur notre Théâtre-Français particulièrement, d'exciter la vertu, d'inspirer l'horreur du vice, d'exposer les ridicules, d'intéresser à-la-fois les yeux, l'esprit et le cœur. Ceux qui brillent sur la scène sont les organes des premiers génies du monde; leurs fonctions exigent de la figure, de la dignité, de la voix, de la mémoire, de l'intelligence et de la sensibilité; la plupart ne sont pas moins recommandables par leurs vertus privées que par leur talent. Rien n'est donc plus injuste que ce reste de préjugé dont le souvenir poursuit encore des hommes qui exercent un art pénible, utile, dont la nation tout entière fait ses délices.

» — Tout en vous accordant le principe, répondis-je à mon interlocuteur, je serais bien tenté de vous nier quelques-unes des conséquences que vous en tirez d'une manière trop générale et trop absolue. Pour tempérer l'éloge que vous faites des comédiens, je pourrais, à mon tour, signaler bon nombre de défauts et même de vices inhérens à leur profession : je pourrais vous demander s'il existe une classe d'hommes ou de femmes au monde où la jalousie, la vanité, l'impertinence se portent à de pareils excès; où l'ingratitude (envers les auteurs qui les font penser, parler et vivre) soit plus commune et plus coupable; où l'amour-propre soit porté à ce degré de violence qu'il fasse taire jusqu'à l'intérêt personnel; où la haine d'un rival, et sur-tout d'une rivale, suggère de plus odieuses pensées, emploie à nuire de plus lâches moyens. Je pourrais vous demander où vous avez connu des hommes plus égoïstes et des femmes plus coquettes, pour ne rien dire de plus.... — Faites-moi toutes ces questions, et je n'y répondrai pas, à moins que vous preniez sur vous la périlleuse responsabilité des haines et des clameurs que ma réponse attirerait sur vous. En attendant, soyez bien convaincu que tant qu'il existera des courtisans au monde, ce ne sera pas parmi les comédiens qu'il faudra chercher les exemples les plus marquans et les plus nombreux d'ingratitude, d'intrigue, d'impertinence et de vanité. »

N° XXXVI. — 28 *février* 1816.

L'HÉRITIÈRE.

—

Veniunt à dote sagittæ.
Juvénal, sat. 6.
Les écus de la dot sont les traits de l'Amour.

J'ai reçu hier matin le billet suivant :

« Vous avez ébranlé ma résolution, mon cher Hermite. Je commence à croire que je me déciderais à me marier, si je trouvais un mari ; vous conviendrez que cela n'est pas facile dans ma position. Je pourrais avoir recours à M. *Willaume*, comme vous me l'avez proposé ; mais j'aime mieux commencer par les *Petites-Affiches*, et je vous envoie une note à y faire insérer, si vous croyez que cela puisse être utile. Dans tous les cas, vous dînez avec moi jeudi ; nous reprendrons l'entretien où nous l'avons laissé dimanche au Champ-de-Mars. »

A ce billet était jointe la note suivante :

« Une jeune personne, âgée de dix-huit
» ans, d'une figure agréable, d'une santé dé-
» licate, d'un caractère doux et facile, aimant
» et cultivant les arts, jouissant de tous les
» avantages d'une éducation distinguée, en
» possession d'une fortune actuelle de 625
» mille francs de rentes claires et nettes, dé-
» sirerait unir son sort à un homme qui ne fît
» aucune attention à ce dernier article, et qui
» pût convaincre cette demoiselle qu'il l'épouse
» uniquement pour elle-même, sans aucun
» égard à l'accessoire de la dot.

» Cette demoiselle prévient que, sur ce
» point, elle n'est pas facile à persuader. »

Ce billet, auquel je répondis en acceptant
l'invitation qui m'était faite, me rappela les
circonstances auxquelles j'en étais redevable.

Dimanche dernier, j'étais allé au Champ-
de-Mars avec Mme de Lorys, pour y voir
l'ascension et la descente en parachute de
Mlle Garnerin. Nous étions assis dans l'enceinte, et nous examinions les préparatifs
de cette périlleuse expérience. Une dame d'un
certain âge et une jeune personne vinrent

prendre place auprès de nous; celle-ci reconnut Mme de Lorys, et courut l'embrasser, en lui témoignant de la manière la plus affectueuse le plaisir qu'elle avait à la rencontrer. « C'est vous, ma chère Césarine? lui dit Mme de Lorys; j'aurais eu peine à vous reconnaître, tant vous êtes grandie depuis dix-huit mois que je n'ai eu le plaisir de vous voir. — Des chagrins dont vous avez connu la cause m'ont éloignée de Paris une année entière.... — Et d'autres motifs dont j'apprécie la gravité vous tiennent en ce moment éloignée de vos amis (dit en souriant Mme de Lorys). »

Dans le cours de ce petit colloque, que ces dames continuèrent quelques instans à voix basse, Mlle Césarine me regardait avec une sorte de curiosité que Mme de Lorys satisfit en me présentant, sous mon nom d'Hermite, à sa jeune amie, que j'examinais moi-même avec un intérêt excité par l'attention générale dont elle paraissait être l'objet.

Après avoir passé en revue le petit nombre de personnes qui se trouvaient, ainsi que nous, dans l'enceinte *des places réservées*, et qui toutes s'approchèrent successivement de celle que je ne connaissais encore que sous le nom de

Césarine, on parla de Mlle Garnerin, de sa résolution, de son prodigieux courage. « Il y a quelqu'un dans cette enceinte, dit alors la dame qui accompagnait la jeune personne, dont le courage est bien plus extraordinaire ; c'est celui de ce petit monsieur, en pantalon russe et en habit noisette, que vous voyez causant avec *la reine des airs*, pour me servir d'une expression qu'il vient de répéter deux ou trois fois. »

On voulut savoir ce qu'avait fait, ou ce qu'allait faire ce jeune homme pour enlever à Mlle Garnerin la palme de l'intrépidité. « Ce qu'il a fait ? ce qu'il va faire ? continua-t-elle ; il va voir, pour la seconde fois, avec un sang-froid admirable, celle qu'il aime, celle qu'il doit épouser (quand elle aura une dot), exécuter une entreprise où il y a peut-être deux contre un à parier qu'elle perdra la vie. — Quelque étonnant que soit l'effort de courage dont ce monsieur donne ici l'exemple, je ne serais pas étonné, répondis-je, qu'il ne se trouvât, en ce moment, dans l'enceinte du Champ-de-Mars, plus de gens capables de l'imiter que d'en fournir l'occasion. — Je n'en sais rien, reprit Mme de Lorys ; on fait tant de choses pour une dot ! » Je m'aperçus que cette dernière réflexion fit en même tems sourire et soupirer Mlle Césarine.

Le ballon se remplissait lentement ; l'ascension ne pouvait se faire avant une heure, et l'odeur gazeuse incommodait ces dames. Nous sortîmes pour faire un tour de promenade : je donnais le bras à Mlle Césarine.

La confiance est bientôt établie entre une jeune fille et un octogénaire : ils se rapprochent, pour ainsi dire, de toute la distance qui les sépare. Je sus bientôt que la jeune personne avec laquelle je me trouvais était la plus riche héritière de France. Je lui adressai quelques complimens.

« Allons, voulez-vous aussi m'épouser ? me dit-elle en souriant. Vous serez le trentième sur la liste, je vous en préviens. — Je ne demanderais pas mieux, mademoiselle, ne fût-ce que pour la singularité du fait. Vous ne vous figurez pas le bel effet que produirait dans le monde l'union si bien assortie d'un jeune homme de 79 ans, sans crédit, sans considération, sans fortune, avec une vieille demoiselle de 17 ans, pleine de grâce, de talens, et riche de 700 mille livres de rente. Cela me ferait d'autant plus de plaisir, que j'ai toujours eu la prétention d'être aimé pour moi-même. — Du moins pouviez-vous en nourrir l'espérance. — A qui dans la jeunesse peut-elle être interdite? — A moi, Monsieur; et cette pensée, qui a pris naissance dans mon cœur, qui s'y fortifie chaque jour de tout ce que je vois, de tout ce que j'entends, me met en garde contre la plus douce des illusions, et détruit en moi jusqu'au sentiment de mes propres avantages. C'est à ma fortune que s'adressent tous les hommages que je reçois, et c'est mon intendant que je charge d'y répondre. — Prenez garde, Mademoiselle, qu'il n'entre un peu d'exagération dans votre défiance; la modestie a son enthousiasme. Sans doute, il est beaucoup de vœux intéressés parmi ceux qu'on vous adresse; mais en vous voyant personne ne doutera que, dans le nombre, il ne doive s'en trouver de sincères. — Qu'importe! si je n'ai aucun moyen de les distinguer? — Je me charge de vous en indiquer plusieurs, sans compter celui que mit en usage, il y a quelque cinquante ans, la fille d'une dame dont voici l'histoire en peu de mots:

» Mlle Sophie Delpierre avait presqu'autant à se plaindre de la nature, qu'elle avait à se louer de la fortune. Héritière, à vingt ans, de cent mille écus de rente, elle avait le choix entre un grand nombre de soupirans. Comme vous, mademoiselle, mais avec toutes les raisons qui vous manquent, elle s'était mis en tête que ces messieurs brûlaient *pour les beaux yeux de sa cassette.* Pour s'en convaincre, elle les réunit tous à dîner le jour où elle avait atteint l'âge de sa majorité, et, dans un petit discours appuyé d'actes authentiques, elle les prévint des dispositions légales qu'elle avait faites de la presque totalité de sa fortune en faveur d'un grand nombre de parens dans l'indigence. Mlle Sophie ne s'était réservé de toute sa fortune que dix mille livres de rente, qu'elle offrait avec sa main à celui qui consentirait, en l'épousant, à partager la reconnaissance de tous les heureux qu'elle avait faits. Cet acte d'une générosité sans égale, dont la signature et la présence du notaire paraissaient être garans, débarrassa Mlle Sophie de tous ses adorateurs, à l'exception d'un petit cousin dont l'amour ne savait pas encore compter.

» — Je craindrais, en répétant cette expérience, reprit en riant Mlle Césarine, de faire autant d'ingrats que d'infidèles, et de ne pas trouver, comme Mlle Sophie, un pauvre petit cousin qui voulût m'en tenir compte. »

Un coup de canon donna le signal du départ prochain de l'aéronaute : nous allâmes reprendre nos places dans l'enceinte. Mlle Garnerin s'avança : son galant prétendu lui donna la main pour monter dans sa corbeille ; elle prit son vol, et le petit monsieur, bien solidement établi sur une chaise, la lorgnette à la main, la suivit dans les airs avec une intrépidité qui ne se démentit pas, même au moment terrible où la *reine des airs*, se précipitant du haut de son trône, fit éprouver à tous les spectateurs un saisissement à la violence duquel l'aimable Césarine faillit à succomber.

En nous séparant, la jeune héritière fit promettre à Mme de Lorys de venir avec moi dîner chez elle le jeudi suivant. Le billet qu'on a lu avait pour but de me rappeler cette invitation, à laquelle je n'étais pas homme à manquer.

De tous les lieux où l'on peut observer l'influence du pouvoir sur ses adorateurs, le salon d'une riche héritière est peut-être l'endroit où cette influence se manifeste par plus de flatteries, de mensonges ; et si je n'ajoute pas par plus de bassesses, c'est que les hommages qu'on rend à une femme, de quelque nature qu'ils soient, ont du moins un prétexte qui peut, à la rigueur, leur tenir lieu d'excuse.

Presque tous les hommes que je vis arriver, et que Mme de Lorys me faisait successivement connaître, étaient des candidats d'hymen : un seul nous avait devancés. « Celui-ci, me dit-elle, est sur les rangs du jour où Césarine est venue au monde. Il s'est officiellement présenté la semaine dernière. Lorsqu'il a été question des articles à stipuler au contrat, il a demandé un préciput de cent mille écus de rentes. Sur la représentation qu'on lui a faite que la demande d'un pareil avantage pouvait paraître exagérée de la part d'un futur conjoint qui n'apportait rien à la communauté, l'illustre prétendant a fait valoir l'éclat du nom qu'il avait à soutenir. On a trouvé l'entretien de ce nom là trop cher, et l'on a écouté des propositions plus modestes.

» Avec d'aussi brillans titres, cet autre grand jeune homme, qui salue tout le monde d'un sourire, se serait montré beaucoup plus accommodant sur les stipulations éventuelles, par la raison qu'il ne connaît pas de fortune qu'on ne puisse manger en dix ans , et qu'il a pour maxime « qu'on enrichit le présent de tout ce qu'on vole à l'avenir; » mais on ne paraît pas disposé à lui tenir compte d'un désintéressement qui lui coûte si peu, et qu'il ne peut exercer qu'aux dépens des autres. »

» Vous pourriez vous méprendre sur l'intérêt que Césarine témoigne à la personne avec laquelle vous la voyez s'entretenir tout bas : c'est de reconnaissance qu'il est question entre eux. Notre jeune héritière avait perdu de vue, depuis quelque tems, une amie de pension, que le défaut de fortune éloignait du monde : elle apprend que cette compagne d'enfance, recherchée par un jeune homme qu'elle aimait, refusait de l'épouser, parce qu'elle n'avait point de dot à lui offrir avec sa main. Césarine fait dresser elle-même leur contrat de mariage, où son amie se trouve propriétaire d'une terre de deux mille écus de rente. Vous conviendrez qu'un don aussi généreux ne pouvait être fait avec plus de grâce. »

Mme de Lorys acheva la revue critique des adorateurs de l'héritière. « Vous ne me parlez pas, lui dis-je, de ce joli jeune homme que j'ai suivi des yeux depuis son arrivée, beaucoup moins attentivement peut-être que telle personne qui ne l'a pas regardé une seule fois. — Je fais, me répondit-elle, comme les femmes qui écrivent une lettre et qui ne parlent de l'objet principal que dans le *post-scriptum*. Ce jeune homme, qu'on remarque d'autant plus, comme vous l'observez fort bien, qu'on a l'air d'y faire moins d'attention, est en effet le fortuné rival, mais il n'en est guère plus avancé pour cela. Ceci est une énigme dont le mot, pour être entendu, exigerait un long commentaire que je n'ai pas le tems de vous donner, car on vient avertir que l'on a servi. »

Mlle Césarine me fit placer à table auprès d'elle, et les fréquens *à-parte* que nous eûmes ensemble me donnèrent un plaisir dont je suis sevré depuis une quarantaine d'années au moins, celui d'exciter, parmi des rivaux, un moment d'inquiétude et de jalousie.

N° XXXVII. — 7 *mars* 1816.

CORRESPONDANCE.

Jucundum nihil est, nisi quod reficit varietas.
Sentences de Syrus.

Il n'y a d'agréable que ce que la variété assaisonne.

Je reçois beaucoup de lettres, et j'ai accusé réception de plusieurs aux personnes qui me les ont écrites, en faisant usage des observations qu'elles ont bien voulu me communiquer. Quelques-uns de mes correspondans se plaignent, d'une manière plus ou moins obligeante, de l'oubli où je parais condamner leurs lettres, et me forcent à leur déduire des motifs qu'avec un peu de réflexion ils auraient pu deviner.

Je suis très-flatté des complimens qu'on me fait, des éloges qu'on m'adresse; je suis encore plus reconnaissant des conseils qu'on me donne. Mais on a si mauvaise grâce à mettre le public dans la confidence de son amour-propre, que je me crois obligé de jouir en silence des témoignages d'amitié et de bienveillance que je reçois. — Voilà pour les uns.

Je me place, dans ma propre estime, si fort au-dessus de l'opinion de certaines gens qui m'honorent périodiquement de leurs injures, que je crois pouvoir me dispenser de leur répondre, du moins aussi long-tems qu'ils garderont l'anonyme. — Voilà pour les autres.

Quant à ceux qui me font l'honneur de m'écrire pour m'apprendre que l'esprit de parti dirige leur plume, qu'ils ne voient rien qu'à travers la passion ou l'intérêt exclusif qui les domine, c'est une marque de confiance qu'ils me donnent, et je ne suis pas homme à en abuser.

Après avoir fait une part considérable à la discrétion, et un sacrifice pénible à la vanité, je ne trouve dans ma correspondance qu'un très petit nombre de lettres que je puisse, en toute sûreté, mettre sous les yeux de mes lecteurs. Je les réunirai tous les mois dans un même article, sous le titre de *Correspondance*. Je prie seulement qu'on veuille bien se souvenir que, ce jour-là, je ne suis bien véritablement *qu'éditeur*, et qu'il y aurait de l'injustice à me rendre personnellement responsable des pensées, des opinions, des jugemens énoncés dans des lettres, la plupart pseudonymes, mais, du moins, sous la signature desquelles mon nom ne sera jamais caché.

Je profite de cette occasion pour prévenir mon correspondant L. M. H. que j'ai reçu avec reconnaissance ses *observations sur les théâtres*, dont je ferai mon profit dans le discours où je me propose de traiter ce sujet. — Il y a bien de la vérité, peut-être trop de vérités dans les *Quelques Réflexions* que M. Francus m'a fait parvenir sur les délateurs : l'or pur a besoin d'un peu d'alliage pour être mis en œuvre.

Paris, 24 février 1816.

On dit, M. l'Hermite, que vos articles sont lus dans tous les salons. Je ne vous l'assurerai pas, car j'y entre rarement; mais vous ne dédaignez pas de vous occuper quelquefois *des mœurs de l'antichambre*, et cela me fait espérer que vous voudrez bien vous intéresser à moi. Je pourrais vous dire, comme tant d'autres, que je suis la fille d'*un homme comme il faut;* que mes parens ont été ruinés par la révolution;

mais je ne vous crois pas très-crédule de votre nature. J'aime mieux vous dire tout bonnement la vérité : je suis la fille d'un honnête cordonnier de la rue Saint-Jacques, et, sans entrer dans le détail des circonstances qui m'ont déterminée à me mettre en service, vous saurez que depuis trente ans j'exerce l'état de femme-de-chambre, et que j'ai servi des maîtresses de toutes les conditions, depuis la duchesse jusqu'à la danseuse d'Opéra inclusivement. Je puis dire, sans vanité, que je possède à fond l'art de la toilette et les secrets du boudoir; en fait de ruses, d'intrigues, de présence d'esprit, j'en remontrerais à toutes les soubrettes de comédie. Eh bien! Monsieur, concevez-vous qu'avec de pareils talens je sois, depuis quatre mois, sans place? On dirait que mon signalement a été envoyé à tous les maris; j'ai beau changer de nom et de costume, la pauvre *Victoire* est toujours reconnue. Tour-à-tour avec la robe à guimpe en taffetas noir, sous le nom de Mlle *Dupré;* avec la petite robe en toile peinte, sous le nom de *Florine;* avec le canezou de perkale, sous le nom de *Babet;* avec le madras et le tablier de batiste, sous le nom de *Zoé*, j'ai été renvoyée de quatre maisons depuis un an. Dans l'une, j'ai été victime des trop grandes prévenances d'une femme pour son mari, dont ce changement de conduite a éveillé les soupçons; dans l'autre, je me suis vue compromise par l'indiscrétion d'un fat qui ne manque jamais d'afficher ses bonnes-fortunes; dans la troisième, le hasard a fait tomber dans des mains ennemies une correspondance dont j'étais la messagère. Si vous me permettez d'aller vous voir, je vous raconterai l'aventure qui m'a forcée de quitter ma dernière condition. Enfin, toujours triomphante et toujours persécutée, haïe des hommes et adorée des femmes, je commence à m'apercevoir qu'une grande réputation est souvent bien à charge.

Vous passez pour aimer beaucoup les femmes, M. l'Hermite : eh bien, il est de votre intérêt et du leur de chercher à me placer; car, si je ne puis trouver à m'employer suivant mon goût et mes principes, je vous préviens que je me déciderai à tourner mes talens contre celles que j'ai si long-tems et si bien servies. Je changerai de rôle, et, de soubrette, je me ferai duègne. Qu'on y prenne garde! j'ai le secret du corps;

et, après avoir été le fléau des maris dans ma jeunesse, je puis être dans l'âge mûr leur ange tutélaire.

Si vous faites quelque chose pour moi, je vous promets de vous révéler quelques anecdotes bien secrètes, bien piquantes, dont la moindre suffirait pour faire la fortune d'un roman.

Votre très-humble servante,

VICTOIRE PETIT-LION.

Paris, 26 février 1816.

J'AI recours à vous, M. l'Hermite, qui regardez de si près et qui voyez de si loin, pour m'expliquer comment il se fait que deux personnes qui partent du même point, qui suivent la même route, qui marchent du même pas, qui se proposent le même but, non-seulement ne l'atteignent pas ensemble, mais se trouvent, au moment où elles s'arrêtent, à une grande distance l'une de l'autre.

Exemple : J'ai dix mille francs de rente ; je suis venu à Paris avec un de mes camarades de collége, qui jouit tout juste de la même fortune et de la même considération que moi dans la ville de Périgueux, notre patrie commune. Nous en sommes partis avec des lettres de recommandation en blanc, qui devaient servir indistinctement à l'un ou à l'autre.

Le jour fixé pour notre départ avec le courrier de la malle, mon ami accepta l'offre d'une place, à frais communs, dans une chaise de poste; ce qui n'empêcha pas que nous ne fissions route ensemble : mais, en arrivant à Paris, j'allai descendre, comme nous en étions convenus, à l'hôtel de Nantes, rue des Vieux-Augustins, et mon ami se décida pour l'hôtel du Tibre, rue du Helder, où son compagnon de voyage s'était fait conduire.

Je pris un logement de 60 fr. par mois; c'était le prix que mon ami payait le sien; mais il n'avait que deux petites chambres dans un pavillon au-dessus de l'écurie, dans le fond de la cour, et j'avais quatre grandes pièces au premier sur le devant : ce qui ne l'empêchait pas de soutenir, sans pouvoir m'en convaincre, qu'il était beaucoup mieux logé que moi.

Dans le partage de nos lettres de recommandation, nous consultâmes les convenances des différens quartiers que nous habitions, en sorte qu'il eut pour sa part celles qui nous adressaient à des banquiers de la Chaussée-d'Antin, et que je me trouvai porteur de celles qui nous recommandaient à un gros marchand de soie de la rue de la Ferronerie et au plus riche passementier de la rue des Bourdonnais.

Dès-lors nos habitudes, sans cesser d'être les mêmes, prirent une direction différente : il vécut dans un monde brillant, et moi dans l'intimité des sociétés bourgeoises. Nous fréquentions tous deux les cafés, selon notre usage; mais il passait une partie de sa matinée chez Tortoni, et moi, je déjeûnais régulièrement au café de la Poste avec tout ce qu'il y a de mieux dans la rue Plâtrière.

Le même goût pour le spectacle nous conduisait à des théâtres différens. Comme il aime passionnément la bonne comédie et la bonne musique, il ne manquait pas un ballet de l'Opéra, pas une représentation de *Sémiramide*, dont il sait les paroles par cœur. Moi, qui tiens pour le genre sentimental et pathétique, j'allais régulièrement soit à *la Gaîté*, soit à *l'Ambigu-Comique*.

Nous avons, sur tous les points, à-peu-près les mêmes objets de dépense : il a *trois fois par semaine* un cabriolet et un jockey en livrée;

pour le même prix je prends, tous les jours, une voiture de place, et je me fais servir par le domestique de l'hôtel. Ma garde-robe est tout aussi bien montée que la sienne; mais c'est *Léger* qui l'habille, et j'ai pour tailleur *M. Mathieu*, portier de la rue Verdelet.

De compte fait, nous dépensons l'un et l'autre notre revenu; nous sommes du même âge, nous n'avons pas moins d'esprit l'un que l'autre; plusieurs dames qui s'y connaissent m'ont assuré que ma taille était mieux prise, et ma figure plus agréable que celle de mon ami : cependant il brille dans le monde, et je suis perdu dans la foule; il est sur le point d'obtenir une place que mon père a remplie avec honneur, et que je sollicite; enfin (pour mieux constater tous les avantages qu'il obtient sur moi), dans la seule visite qu'il ait faite au riche marchand de soie auquel j'ai été recommandé, il a fait la conquête de sa fille, sur laquelle j'avais des vues, qui me voyait avec plaisir, et que son père m'aurait infailliblement accordée.

Vous m'avouerez, M. l'Hermite, qu'il est dur de manquer sa fortune, sa réputation et son mariage par la seule raison qu'on habite tel ou tel quartier, que l'on fréquente telle ou telle maison, également honnête, et que l'on préfère l'extravagant mélodrame du boulevart du Temple au plat mélodrame du boulevart Italien. Je me recommande à vous pour m'expliquer, lorsque l'occasion s'en trouvera, la cause de ces étranges bizarreries.

Recevez mes sincères salutations.

CHARLES DUMARSAN.

Paris, 28 février 1816.

La jeune Solitaire de la Virginie au vieil Hermite de la Guiane.

DANS ce siècle d'incrédulité, vénérable anachorète, il est encore permis de croire à la charité d'un hermite comme toi, pour une pauvre petite solitaire de ma figure et de mon âge. Tu sauras donc (pardonne ce langage familier à une jeune fille née sur les bords de l'Ohio, d'un père et d'une mère de la secte des Quakers); tu sauras, dis-je, qu'une suite d'événemens qui pourraient passer pour extraordinaires dans un autre tems, m'a conduite, à dix-huit ans, dans la ville du monde où l'on apprécie le mieux les avantages que je possède et ceux qui me manquent; au nombre de ces derniers, celui de ne pas entendre le *français* (je veux dire le français du grand monde) est le premier dont j'ai senti la privation : juge du plaisir que m'a fait l'annonce de ton *Dictionnaire du beau langage*,* où tu nous as donné comme exemple la définition de quelques mots dont l'emploi n'a rien de commun avec la signification grammaticale.

Grâce à toi, je sais déjà à quoi m'en tenir sur la valeur de certains mots : je sais ce que me veulent ceux qui me parlent sans cesse *d'amour;* ce que j'ai à perdre avec ceux qui ont toujours *l'honneur* à la bouche; et la différence que je dois mettre entre ma *bonté* que l'on vante et mes *bontés* que l'on sollicite. Mais que de termes encore sur la vraie signification desquels il m'est impossible de me fixer, et que, de peur de méprise, je suis décidée à ne pas prononcer avant la publication de ton dictionnaire! Je n'entends rien, par exemple, à la dispute de mon père et de ma mère sur le mot *naissance* :

* Voy. tome 1re de *l'Herm. de la Guiane*, page 338.

mon père veut que j'épouse un *homme de naissance*, et se fâche quand ma mère répond qu'elle se contenterait d'un gendre d'une *honnête naissance*. Comment se fait-il qu'une semblable épithète atténue la valeur du mot, au point qu'*honnête naissance* et *sans naissance* soient pour mon père deux expressions absolument synonymes?

Je ne suis pas moins embarrassée quand il s'agit de *réputation :* il y a sans doute des gens qui en ont à revendre, car je ne vois dans ce pays que des hommes qui en achètent. Quant à celle des femmes, c'est un mystère que je ne m'explique pas encore; car, autant que j'en puis juger par quelques exemples, *être en réputation* ou *avoir de la réputation* sont pour une femme deux choses absolument différentes.

Je ne me fais pas non plus une idée bien nette du mot *caprice :* j'en demandais hier l'explication à un bel esprit de notre société, qui me fit une phrase à perte d'haleine et de comparaisons, d'où il résulterait que le caprice est un *nuage*, un *papillon*, un *prisme*, un *départ*, un *retour*, un *ruban*, une *fleur*, un *oiseau*, et finalement une *femme*.

Adieu, bon Hermite. J'entends quelquefois dire qu'on se prend par caprice; mais j'éprouve, en ce moment, qu'on peut se quitter par raison. J'espère bien n'avoir jamais de caprices; mais l'exemple est contagieux, et il ne faut jurer de rien à dix-huit ans. Quoi qu'il en soit, si je tombe jamais dans ce vilain défaut, tu en seras le premier instruit, et je sais comment je m'y prendrai pour trouver grâce à tes yeux.

La Solitaire de la Virginie.

Paris, le 2 mars 1816.

Monsieur l'Hermite, j'ai souvent entendu dire que Paris était la ville du monde où l'on trouvait le plus de savans et d'écrivains distingués dans tous les genres. Je dois le croire; car je ne vais pas à un bal, à un spectacle, dans un lieu public; je ne suis pas invité à une fête, à un grand dîner, que je n'y rencontre quelques-uns de ces grands hommes, sur qui la postérité a déjà les yeux. Tout en les regardant avec cette admiration que l'on doit au génie, je me demande comment ces messieurs font pour concilier l'amour des plaisirs et celui de l'étude, les travaux du cabinet et les devoirs de la société;

comment ils trouvent du tems pour leurs savantes élucubrations, en passant la matinée dans les antichambres, la soirée dans les spectacles, et une grande partie de la nuit dans les salons.

Leurs illustres devanciers, si je ne me trompe, menaient une vie plus sédentaire, et j'ai dans l'idée qu'au siècle de Louis XIV on aurait perdu sa peine à chercher Corneille au bal, Molière dans une maison de jeu, Racine au billard. Ces gens-là s'imaginaient que le génie avait besoin de solitude pour enfanter des chefs-d'œuvre, et ils en donneraient pour preuve *le Cid*, *Athalie*, *le Tartufe*, comme si cela prouvait quelque chose !

Grâces soient rendues aux coryphées actuels des sciences et des lettres ! ils vont commodément à la gloire par les rians sentiers du plaisir :

Ce sont petits chemins tout parsemés de roses.

Aussi la foule est là ; tout le monde y court. La célébrité n'est plus qu'un jeu. C'est le moment que j'attendais pour me mettre de la partie; car je compte bien, tout comme un autre, arriver à la célébrité ; mais je voudrais y parvenir à moins de frais possible, et sur-tout sans rien déranger aux douces habitudes que je me suis faites. Une petite place dans votre Correspondance est déjà un pas de fait, mon vieil Hermite, et j'espère que vous ne me la refuserez pas. BOUTROUX.

Nantes, le 3 mars 1816.

Vous saurez, M. l'Hermite, que je viens de terminer, après dix ans de travail assidu, un ouvrage sur lequel je puis fonder ma réputation et ma fortune, si je dois croire quelques amis à qui je l'ai communiqué. Au moment de le mettre sous presse, mon libraire me prévient que le succès de mon livre dépend entièrement de la manière dont l'annoncera certain journaliste qui dispense la gloire, sans y regarder de bien près, comme on dépense le bien d'autrui. Faites-moi le plaisir de me faire savoir, M. l'Hermite, si ce journaliste est un homme *joufflu*. Ce renseignement, le seul dont j'aie besoin sur son compte, me déterminera, sans autre considération, à publier mon ouvrage ou à le remettre en portefeuille. J'ai pour les hommes *joufflus* une antipathie que vous n'appellerez pas une *prévention*, quand vous saurez que les malheurs que j'ai éprouvés dans ma vie m'ont été suscités par des hommes à grosses joues.

C'est un *gros joufflu* qui m'a ruiné dans la révolution, en me remboursant en assignats une somme considérable que je lui avais loyalement prêtée en bel et bon or.

C'est un prêtre *joufflu* qui m'a marié avec une femme à *grosses joues*, qui se fait, depuis quinze ans, une étude particulière de me tourmenter.

C'est un *gros joufflu* d'agent-de-change qui m'a fait acheter cinq mille francs de rentes à la hausse, la veille du jour où les fonds publics ont éprouvé une baisse considérable.

C'est un médecin *joufflu* qui m'a traité d'un rhume, dont il a trouvé le moyen de faire un catarrhe qui m'a mis aux portes du tombeau.

C'est un petit *joufflu*, très-enclin à la délation, qui vient tout récemment d'arriver de Paris pour me supplanter dans un emploi que j'exerçais depuis quinze ans avec honneur.

Je ne finirais pas, M. l'Hermite, si je voulais vous faire l'énumération de toutes les infortunes qui me sont *advenues* par le fait ou par la faute de gens à grosses joues.

Ainsi, quelque confiance que j'aie dans mon ouvrage et dans le jugement de mes amis, si vous m'assurez que les muscles faciaux du journaliste parisien par les mains duquel je dois passer excèdent les dimensions ordinaires, je suis déterminé à différer la publication de mon livre jusqu'à ce que cet Aristarque joufflu soit mort, ou jusqu'à ce qu'il soit enterré... à l'Académie.

J'ai l'honneur, etc.   Ch. MAIGRET.

Paris, ce 5 mars 1816.

IL y a long-tems que, sans m'en vanter, M. l'Hermite, j'étudie, peut-être avec moins de succès, mais avec autant d'attention que vous, les mœurs et les ridicules de la capitale.

Je fais mon bréviaire du tableau du néologue Mercier; ma bibliothèque se compose de tous les ouvrages sur l'histoire de cette ville, depuis l'historiographe Gilles Corrozet jusqu'au *Cicerone parisien* du capitaine de cavalerie Villiers. Il n'y a point de modes nouvelles que je n'enregistre avec soin, de petites défectuosités dans les habitudes de cette grande ville dont je ne tienne note, pour composer dans quelques années un ouvrage qui, à l'aide de quelques journalistes, se vendra sans doute comme beaucoup d'autres qui ne valent pas mieux.

Je ne puis malheureusement donner tout mon tems au travail, et je suis obligé d'en distribuer une partie entre mon bureau et mes distractions. Au nombre de ces dernières, je mets au premier rang le plaisir de me promener sur les boulevarts, après mon dîner, depuis la rue Duphot, où je suis logé, jusqu'au boulevart de l'Arsenal inclusivement. C'est là que, chemin faisant, j'observe tous les différens tableaux qui se trouvent sur mon chemin, ou ceux qui passent devant mes yeux, quand, assis derrière la petite barrière du café des Princes, un tabouret sous mes pieds, ma canne entre les jambes, je trouve le moyen de faire durer une bouteille de bière et une demi-douzaine d'échaudés depuis sept heures du soir jusqu'à neuf et demie, heure où je rentre dans mon logement de garçon, au cinquième au-dessus de l'entresol. Une pièce de 20 sous suffit ordinairement à cette dépense, même en y joignant la taxe que mettent, sur l'amour-propre des habitués du boulevart, ces baladins vagabonds dont l'importunité vous arrache des aumônes qu'ils enlèvent à des pauvres plus intéressans.

En effet, M. l'Hermite, n'est-ce pas un

scandale de voir cette foule de fainéans qui ne sortent le soir des cabarets, où ils ont passé la journée, que pour gagner de quoi s'enivrer le lendemain? Mon humeur ne s'étend pourtant pas jusqu'à ces honnêtes Auvergnats, Savoyards ou Piémontais, qui, l'orgue de Barbarie sur le dos, sont en possession, de tems immémorial, de nous tenir au courant de toutes les complaintes, romances et vaudevilles en vogue.

Mais ne connaîtriez-vous pas un moyen de nous débarrasser de ces impitoyables *tourneuses* qui se fatiguent bien moins qu'elles ne fatiguent les spectateurs en pirouettant sur leurs pieds comme un sabot sur son axe; de ce petit fainéant qui passe sa vie à parodier, de la manière la plus insupportable, le chant du rossignol et de la fauvette, dont on serait tenté, en l'écoutant, de dire comme M. X*** : *Oh! la vilaine bête.* Connaissez-vous rien de plus insipide que ces deux grandes niaises d'Allemandes qui croient s'accompagner d'une mandoline en miaulant de mauvaises *tyroliennes* avec l'accent et le regard de la stupidité? Enfin, ne seriez-vous pas, comme moi, tenté de fustiger ces petits vagabonds qui précèdent les promeneurs en faisant vingt ou trente fois la roue sur leurs deux bras ?

Le seul de tous ces industrieux vauriens qui trouve grâce auprès de moi, en faveur de son élève, est le propriétaire de ce *lapin savant* qui fait des roulemens comme un tambour-maître et tire un coup de fusil comme un garde-chasse.

Convenez, M. l'Hermite, que ces artistes mendians, qui finissent leurs concerts ou leurs expériences par tendre la main, ou par faire courir la soucoupe, sont un véritable fardeau pour un pauvre diable d'employé qui, par amour-propre, veut avoir l'air de récompenser les talens, et dont la générosité augmente ainsi la dépense journalière de douze ou quinze sous, lesquels auraient suffi à sa consommation du lendemain.

En attendant l'ouvrage auquel je travaille, ne pourriez-vous pas donner place à mes observations dans votre correspondance ? Peut-être pourront-elles nous débarrasser de quelques-uns de ces importuns. Je vous salue.

XAV. BOURDARD, *empl. des domaines.*

Le Mans, 6 mars 1816.

MONSIEUR L'HERMITE, je suis un des plus anciens comédiens de France. Je compte cinquante ans de théâtre, et depuis douze ans seulement j'ai quitté la scène, où j'ai débuté sous les auspices du fameux Dufresne, en 1750. Je ne vous dirai pas que mon talent a effrayé Grandval ; j'aime autant vous laisser croire, aujourd'hui, qu'il n'était pas de nature à briller à la Comédie-Française. Désespérant d'y remplir l'emploi des premiers rôles, après y avoir étudié les bons modèles, j'ai pris le parti d'aller m'établir sur un bon théâtre de province, où je me suis fait une réputation qui pourrait fort bien me survivre.

Ce n'est pas sans étonnement que j'ai vu se renouveler les anciennes querelles qui jadis et naguères ont été faites aux comédiens par MM. Palissot, Beaumarchais et Hoffman. A Dieu ne plaise que je veuille me déclarer ici le champion de ces comédiens insolens dont la morgue est presque toujours en raison inverse du talent; que je me déclare l'apologiste de ces airs de hauteur et de protection que quelques-uns affectent envers les auteurs, et que je partage leurs ridicules prétentions à la supériorité sur les gens de lettres ! L'homme qui crée sera toujours au-dessus de celui qui imite, et la Champmêlé n'a pas plus de droit à la gloire de Racine que le maître maçon qui dirigea les travaux du Louvre n'en peut avoir à l'immortalité de Perrault ; ce qui n'empêche pas que le talent du comédien, poussé à un certain degré de perfection, ne soit digne de l'admiration qu'il excite, et que les grands acteurs ne soient au moins aussi rares que les bons auteurs. De leur vivant, auteurs et acteurs jouissent d'une part de gloire à-peu-près égale ; mais les revenus de ceux-ci sont viagers comme les produits de l'art qu'ils exercent, celui des autres est perpétuel comme les fruits du génie.

De cette espèce d'infériorité que l'amour-propre de coulisses (le plus exigeant de tous les amours-propres) peut avouer sans honte, on a voulu tirer cette conséquence, que les comédiens devraient être déshérités du droit de juger les pièces de théâtre qu'ils représentent, et que ce droit devrait être dévolu aux auteurs qui les composent. *Quod numen avertat!*

Les défenseurs de cette opinion ont allégué le défaut d'instruction des comédiens en général, et la difficulté d'arriver à leur comité. Il y a, sur ces deux points, *distraction* ou *mauvaise foi*, comme dit Figaro.

Les comédiens qui ont du talent (et c'est le plus grand nombre parmi ceux qui composent le comité) ne l'ont acquis, ce talent, qu'à force d'études ou d'habitude de l'art dramatique. On ne peut donc leur refuser les connaissances nécessaires pour juger le mérite d'un ouvrage, du moins sous le rapport le plus important, celui de l'effet théâtral.

Quant à la difficulté d'arriver au comité, cette objection ne peut être produite que par des auteurs qui entrent dans la carrière; et l'on conviendra qu'il y aurait quelque inconvénient à admettre sans choix aux honneurs de la lecture cette foule de poursuivans sans titre, qui ne craindraient pas de faire perdre à les entendre le tems qu'ils ont perdu à composer leurs essais dramatiques. L'accueil que le public a fait à tant d'ouvrages refusés à la lecture, et mis au jour par leurs auteurs, a presque toujours confirmé le jugement des comédiens.

De tout ce que je viens de dire, ne puis-je pas conclure, M. l'Hermite, que les comédiens sont les véritables juges en premier ressort des ouvrages dramatiques; qu'une profession qui a compté parmi ses membres Baron, Montfleury, Hauteroche, Lanoue, Dubelloy, et, à la tête de tous, le prince de nos poètes comiques, peut fort bien ne pas se croire étrangère dans la république des lettres ? enfin, que l'amitié constante que les auteurs ont portée aux comédiens (à quelques exceptions près) doit faire présumer qu'ils ont quelque confiance dans leur jugement, et qu'ils ne répugnent pas à se conformer à un usage auquel Racine et Voltaire ont cru pouvoir se soumettre ?

J'ai l'honneur de vous saluer.

LARIFARDIÈRE, *vieux comédien*.

N° XXXVIII. — 14 *mars* 1816.

UNE JOURNÉE AUX RIVES DE LA SEINE.

Si vacat et placide rationem admittitis, edam.
JUVÉNAL, Sat. 1.

Avez-vous un moment de loisir, pouvez-vous me prêter une oreille impartiale, écoutez.

J'ai promis d'opposer au *Tableau d'une Journée aux bords de l'Orénoque** la peinture d'*une Journée aux rives de la Seine*. Je ne veux pas laisser échapper l'occasion qui se présente de tenir ma promesse aux dépens d'un homme du monde qui sort de chez moi, et dans la conversation duquel j'ai trouvé tous les renseignemens que j'avais besoin de réunir.

Cette fois, je ne pouvais me prendre moi-même pour sujet de mon Discours. A mon âge, on compte encore les jours, mais comment les

---

* *Voy.* le premier volume de *l'Hermite de la Guiane*, N° VII, p. 87.

mesurer ? Ils n'ont plus d'aurore , plus de midi ; c'est un crépuscule entre deux nuits , dont l'horloge seule marque encore les intervalles.

La vie humaine se compose de pensées et de mouvement : cette dernière faculté n'est plus , dans la vieillesse , qu'une oscillation mesurée d'un besoin à l'autre.

Prenons un exemple où la vie soit tout entière :

« Je ne sais ce que devient le tems à Paris (me disait ce matin en entrant chez moi le jeune comte de Glaneuil, petit-neveu de Mme de Lorys). Voilà quinze jours que je me propose de vous faire ma visite ; nous habitons la même maison ; je n'ai qu'une terrasse à traverser : eh bien ! d'honneur, j'ai cru que je mourrais sans trouver le moment de vous voir. — J'étais plus pressé que vous, M. le comte. On court risque de me faire perdre le plaisir qu'on me fait attendre. Mais, tout intérêt personnel à part, souffrez que je vous demande comment il se fait qu'indépendant comme vous l'êtes de toute espèce de devoirs, sans autres occupations que celles que vous jugez à propos de vous créer, libre de vos actions et maître absolu de votre tems, vous ne trouviez pas le moyen d'en régler l'emploi à votre gré ? — Pardonnez-moi, je le règle le plus sagement du monde; mais il se trouve toujours le soir que je n'ai rien fait de ce que j'avais projeté le matin.

» Par exemple, voulez-vous connaître quelles étaient mes dispositions pour la journée d'hier ? Voici mes tablettes, lisez :

« A dix heures, chez M. l'Hermite... (vous voyez ! c'est écrit). — A onze heures précises, chez Mme de Berville, qui n'a que deux jours à passer à Paris, et que je ne veux pas manquer de voir. — A une heure, au Collége de France, aux cours de MM. Andrieux et Villemain. — A trois heures, chez mon notaire pour un arrangement de famille de la plus grande importance. — A quatre heures, chez moi; maître de langues orientales..... (c'est une étude que je veux suivre). — A six heures, dîner au Marais, chez Mme Reimzey, avec quelques-uns des savans et des hommes de lettres les plus distingués de Paris. — Le soir, aux Français, où l'on joue *Phèdre*. — Après le spectacle, chez Mme de Lorys : j'y verrai....... Je suis décidé à ne plus jouer; je sortirai quand les parties commenceront. — Je serai rentré chez moi avant minuit;

je lirai et je travaillerai jusqu'à trois heures du matin ».

» Tel était le projet ; maintenant voulez-vous connaître l'exécution ?

» Je m'étais couché très-tard la veille ; il était dix heures et demie quand mon valet-de-chambre entra chez moi : il fallut encore renoncer à vous voir ce jour-là. A cela près, j'étais décidé à ne point m'écarter de mon plan. Je devais être à onze heures précises au faubourg Saint-Germain ; il était près de midi quand j'arrivai chez Mme de Berville ; cette dame compte l'exactitude au nombre des qualités qui la distinguent. Au lieu d'une bonne heure que j'aurais pu passer avec elle, en arrivant au moment précis de son déjeûner, je ne pus jouir que pendant quelques minutes du plaisir de voir et d'entendre un femme charmante, chez qui paraissent s'être réfugiés l'esprit qui manque à tant de sottes, et la raison qui manque à tant de folles auxquelles la société est depuis quelques tems en proie.

» Pour m'imposer la punition de mon inexactitude, le hasard voulut qu'en sortant de chez la femme la plus spirituelle, la plus douce, la plus aimable de France, je rencontrasse le plus extravagant des hommes. M. d'Aubignac (qui s'est fait militaire depuis que la paix est faite ; qui se croit grand historien et grand politique parce qu'il sait par cœur les *Capitulaires de Charlemagne* et le *Traité des Fiefs*) me prit par le bras et ne me quitta pas qu'il ne m'eût emmené déjeûner avec lui.......

» Pour qui peut s'amuser long-tems du spectacle et des propos de la sottise en fureur et de la vanité en démence, une place au déjeûner de M. et de Mme d'Aubignac est véritablement à payer! Je suis accoutumé, depuis long-tems, à entendre déraisonner sur les affaires publiques; j'ai pris mon parti sur cet esprit de vertige qui s'est emparé de tant de cerveaux à l'envers, et je me croyais au courant de toutes les folies, de toutes les exagérations, de toutes les impertinences qui peuvent s'y loger et en sortir. M. et Mme d'Aubignac m'ont appris que la déraison n'a point de bornes, et cette dernière s'est chargée de me convaincre qu'il n'y a point de sentiment humain que ne puisse détruire l'esprit de parti dans le cœur d'une femme qui n'est plus accessible à d'autres passions. J'aurais pu écouter, jusqu'au bout, les absurdités politiques dont le mari fatiguait ma patience : je ne fus pas le maître d'écouter de sang-froid les petites maximes atroces que sa femme débitait d'une voix aigre-douce, et qu'elle terminait par cette espèce de refrain : *J'en suis fâchée, mais cela doit finir par-là*...... Cela finit du moins par me rendre impoli. Je me levai brusquement, et je sortis de cette loge d'insensés, en me promettant bien de n'y point revenir.

» J'étais en chemin pour me rendre au Collége de France, où j'espérais que les leçons de deux célèbres professeurs dissiperaient les pensées sinistres dont le couple énergumène avait rempli mon ame. J'arrivai à tems pour voir s'écouler la foule des auditeurs qui avaient assisté à leurs savantes leçons. Pour échapper à l'humeur dont j'étais possédé, j'entrai dans un jeu de paume ; je fus réduit à y faire la partie d'un garçon, en présence de deux ou trois vieilles têtes à perruque de l'Estrapade. Je me souvins que j'avais rendez-vous chez mon notaire. L'assemblée de famille que j'y trouvai réunie, et dont chacun des membres avait amené avec lui son procureur, trouva le germe de cinq ou six procès interminables, dans une affaire qu'avec un peu de droiture et de bon sens on pouvait arranger en un quart d'heure.

» Les contrariétés de toute espèce que j'avais essuyées dans la matinée m'avaient agité le sang; j'oubliai le maître de langues orientales. J'allai me mettre au bain; je demandai un livre : on m'apporta les *Lettres de Mylady Montaigu*, où je trouvai une description des bains orientaux qui me fit sentir toute la mesquinerie des nôtres.

» Je rentrai chez moi pour y faire une toilette du soir. Ma mère voulait me retenir à dîner; mais j'avais promis à Mme de Reimzey, et pour rien au monde je n'aurais manqué à une invitation qui devait me procurer le plaisir de me trouver avec plusieurs hommes de lettres, et plusieurs savans étrangers et français, que j'avais le plus grand désir de connaître.

» Malheureusement je passai devant le café Riche, sur la porte duquel quelques jeunes gens de mes amis étaient arrêtés, et regardaient un cheval qu'un palefrenier faisait courir sur le boulevart.

» L'un d'eux me reconnut, me fit signe de la main, et me pria de descendre un moment de mon bocquey, pour donner mon avis sur le cheval dont il était sur le point de faire l'acquisition, et dont on lui demandait un prix considérable. J'étais pressé ; mais, entre amis, il est des services qu'on aurait mauvaise grâce à se refuser, sur-tout quand celui que l'on exige de vous est une sorte d'hommage qu'on vous rend.

» J'ai la réputation d'être grand connaisseur en fait de chevaux ; je la soutins en cette circonstance, en découvrant à l'un des pieds du cheval en vente une *seime* qui se continuait jusqu'à la pince, et que l'on avait habilement déguisée à l'aide d'un corps gras et onctueux dont on l'avait enduite.

» Les débats auxquels cette découverte donna lieu entre le maquignon et moi prirent beaucoup de tems, et la certitude d'arriver au second service dans la maison où j'étais attendu me détermina à dîner avec mes amis chez le restaurateur.

» Le repas fut bruyant et ennuyeux. On traita sérieusement les plus insignifiantes bagatelles ; et, voulant éviter de se quereller en parlant politique, on trouva moyen de se disputer à propos de candidats à l'Académie, du cheval *le Régent*, des bateaux à vapeurs et de Mme Strina-

Sacchi. Je m'esquivai entre deux bouteilles de vin de Champagne.

» Les deux premiers actes de *Phèdre* étaient joués quand j'arrivai aux Français, et j'avais perdu l'admirable scène de la déclaration que Mlle Duchesnois joue avec une supériorité de talent à laquelle j'ai de la peine à croire que Mlles Clairon et Dumesnil aient atteint dans le même rôle. La salle était pleine ; j'étais mal placé au balcon, et je n'avais pas la moindre envie d'entendre le *marivaudage* qu'on nous promettait pour seconde pièce. Je sortis, et j'entrai à l'Opéra : on y donnait un vaudeville. J'allai au Vaudeville, on y jouait une farce des Variétés. Je courus aux Variétés, on y achevait une mauvaise parade, indigne des derniers tréteaux d'une foire de province.

» Je me rends à dix heures et demie chez Mme de Lorys ; j'espère m'y dédommager de tout l'ennui, de toutes les tribulations d'une journée insipide et fatigante. Un mot de Mme de Sesanne m'avait appris la veille qu'elle devait passer la soirée chez sa tante. Je ne connais pas de plus grand bonheur au monde que de me trouver avec Mme de Sesanne..... ; mais elle ne manque jamais une représentation des *Bouffes*, et je me croyais sûr d'arriver avant elle..... Nouveau *désapointement*, plus cruel que tous les autres : Mme de Sesanne, qui n'avait vu qu'un acte du *Mariage Secret*, m'avait précédé d'une heure chez Mme de Lorys ; et, piquée de mon peu d'empressement, elle s'était placée à une table de reversi, de manière à ce qu'il me fût impossible d'approcher d'elle. Ce caprice, où la vanité me paraissait avoir plus de part que le sentiment, me donna l'idée d'une petite vengeance dont je fus complètement dupe : j'allai m'asseoir, à l'autre extrémité du salon, auprès d'une jeune dame à qui je m'efforçais de dire avec mystère les choses les plus galantes. « Vous avez beau faire (me dit-elle avec un sourire malin, en jetant les yeux sur Mme de Sesanne), nous ne vous croyons ni l'une ni l'autre. » Je fus si décontenancé par cette repartie, que je ne jugeai pas à propos de soutenir la gageure.... Je sortis en quêtant un regard qu'il me fut impossible d'obtenir.....

» Le chevalier de Glayeuse descendait l'escalier en même tems que moi. « Vous partez de bien bonne heure ? me dit-il. — Oui, j'ai quelques lettres à écrire avant de me coucher. — A d'autres, mon cher comte ! vous boudez comme un enfant, et demain on se moquera de vous. Voulez-vous m'en croire ? venez avec moi au *cercle :* je vous mets de moitié dans mon jeu ; nous gagnerons cinquante louis chacun, et ces dames apprendront que nous ne sommes pas à la merci d'un caprice. » Moitié vanité, moitié entraînement, j'eus encore la faiblesse de céder à ce conseil. J'entrai au cercle : je jouai ; je perdis trois cents louis comme un sot, et je rentrai chez moi à trois heures du matin sans avoir soupé, mécontent de moi-même, mécontent des autres, et réfléchissant avec amertume que ma vie se composait en grande partie de journées semblables à celle dont je viens de vous rendre compte. »

N° XXXIX. — 21 *mars* 1816.

QUELQUES ABUS.

Y a-t-il rien de plus respectable que d'anciens abus ?
Oui, oui : la raison est encore plus ancienne.
MONTESQ., *Esp. des Lois.*

DIALOGUE ENTRE LE PHILOSOPHE ANDRÉ ET L'HERMITE.

L'HERMITE.

De quelque côté que je tourne les yeux, je ne vois que des abus.

LE PHILOSOPHE.

Je ne connais rien de plus facile que de les indiquer, et rien de plus difficile que de les détruire : ce sont des taches que l'on remarque sur une étoffe, et qu'on n'enlève le plus souvent qu'en emportant la pièce.

L'HERMITE.

J'aime mieux un habit troué qu'un habit sale.

LE PHILOSOPHE.

Cela prouve que vous êtes plus propre que frileux, ou, pour quitter la métaphore, que vous vous arrangez mieux de l'absence d'une vertu que de la présence d'un défaut.

L'HERMITE.

Je désire quelquefois ce qui n'est pas; mais je suis toujours choqué de ce qui est mal, et, quand tout le monde en convient, je suis étonné que l'on ne se corrige pas.

LE PHILOSOPHE.

C'est qu'en fait d'abus, on craint aussi celui de la correction.

L'HERMITE.

Cette crainte peut être fondée jusqu'à un certain point, lorsqu'il est question d'abattre les abus de *haute futaie*, si j'ose m'exprimer ainsi, dont les profondes racines ont pénétré jusque sous les fondemens de l'édifice social; mais, pour le moment, je ne parle que de cette foule de petits abus semblables à ces ronces vivaces qui embarrassent les avenues d'un jardin, et qu'on peut faire disparaître d'un coup de serpette.

LE PHILOSOPHE.

Il faut encore de l'adresse et du discernement pour cette opération si simple, où il s'agit de distinguer l'abus de l'usage quelquefois utile auquel il s'enlace de cent manières.

L'HERMITE.

L'usage une fois vicié par l'abus vaut rarement la peine d'être conservé. Faire l'aumône est sans doute une chose bien honorable en soi ; mais si cette vertu, exercée sans choix et sans mesure, a produit le fléau cruel de la mendicité ; la vénération qu'on doit avoir pour une source divine défend-elle de la purger du limon qui la corrompt dans son cours? Connaissez-vous un abus plus révoltant que celui qui creuse dans l'Etat un gouffre où viennent s'engloutir des générations entières, et citerez-vous une ville au monde où cette honteuse maladie du corps social soit plus endémique qu'elle ne l'est à Paris, et s'y montre sous des formes plus hideuses?

LE PHILOSOPHE.

De vrais philosophes en ont trouvé le remède, et plus d'une expérience en constate l'efficacité. En 1775, un homme de lettres

(que cette seule action justifie de bien des torts), Linguet, dans ses *Annales*, proposa un prix en faveur du meilleur mémoire sur les moyens de détruire la mendicité; il en fit lui-même les fonds. Un seigneur bavarois, quelques années après, consacra une grande partie de sa fortune à délivrer de ce fléau la ville qu'il habitait; et, dans un tems beaucoup plus voisin de nous, M. de Pontécoulant, alors préfet d'une des plus belles provinces de la Belgique, signala son active administration par un bienfait dont ce pays gardera long-tems la mémoire : il en extirpa jusqu'au germe de la mendicité, dont une longue habitude avait fait une véritable profession. Ces cures locales attestent la possibilité d'arrêter les progrès de l'épidémie universelle, et l'on ne doit pas moins espérer, sur ce point, de la protection des lois et de la sollicitude des gouvernemens européens, que de la simple humanité des despotes orientaux : s'ils ont des esclaves, du moins ils les nourrissent.

L'HERMITE.

En attendant que nous soyons aussi heureux et aussi sages que des Turcs, la mendicité nous assiége; et, aux progrès qu'elle fait, il est à craindre qu'à Paris, comme à Rome, la moitié de la population ne demande bientôt l'aumône à l'autre.

LE PHILOSOPHE.

Vous vous trompez : ce mal diminue ; mais c'est encore là une de ces plaies qu'il faut prendre garde de fermer sans précaution. La répression de la mendicité appartient à la police ; son extinction ne peut jamais être que l'ouvrage des mœurs.

L'HERMITE.

C'est au nom de celles-ci que je vous demanderai maintenant, mon cher philosophe, si vous verriez beaucoup d'inconvéniens à remédier à un désordre d'une autre espèce, dont le scandale public va toujours croissant, dans cette prétendue capitale du monde civilisé : je veux parler, avec toute la réserve qu'exige un pareil sujet, de ces courtisanes en plein vent, dont les essaims nocturnes s'emparent de la ville à la chute du jour.

LE PHILOSOPHE.

Je ne dirai pas, comme *certain pauvre diable*

de votre connaissance, en parlant de ces demoiselles :

>............J'en fais assez de cas ;
>Leur art est doux, et leur vie est joyeuse ;

car je pense, au contraire, que leur art est odieux et leur vie très à plaindre; mais je mettrai cet abus-là au nombre de ceux qu'il faudrait bien se garder de détruire si l'on en avait les moyens, et cela, pour vingt raisons que vous voudrez bien me permettre d'abandonner à votre sagacité.

L'HERMITE.

Il ne m'est pas encore bien démontré que tous ces accommodemens, toutes ces transactions que l'on fait avec le vice, sous prétexte d'en détourner ou d'en limiter la contagion, ne soient pas de la nature de ces traités que l'on fait avec les corsaires barbaresques, et qui ne servent qu'à perpétuer un système de piraterie dont on se délivrerait en les exterminant. Mais en admettant, sur le fait de cette espèce de courtisanes, cette proposition singulière, que le respect des mœurs nécessite le maintien d'un ordre ou d'un désordre de choses qui les outrage, il me semble que l'on pourrait mettre d'utiles conditions à cette condescendance : je voudrais qu'à l'exemple de ce qui se passe dans plusieurs autres grandes villes, on leur assignât à Paris un quartier spécial dans les limites duquel se trouverait restreint l'exercice de leur privilége. Je voudrais qu'à Paris, comme autrefois à Nantes, à Bordeaux, leurs places fussent marquées au spectacle, et qu'une mère de famille ne fût pas exposée à se montrer avec sa fille dans une loge où la présence d'une de ces femmes appelle les regards d'une jeunesse effrontée.

LE PHILOSOPHE.

Il resterait à examiner si l'on n'augmente pas l'intensité du mal en établissant un foyer de corruption, ou si, comme je le pense, on l'affaiblit en le disséminant.

L'HERMITE.

On se trouve fort bien de l'institution des lazareths ?

LE PHILOSOPHE.

Je le crois; personne au-dehors n'est intéressé à en violer la consigne, et l'on résiste facilement aux charmes de la peste. Néanmoins, je suis entièrement de votre avis sur les bienséances morales, qui semblent faire une loi d'assigner aux théâtres une place particulière à des femmes qui n'en ont aucune dans la société.

L'HERMITE.

Puisque je suis en train de vous signaler les abus qui m'ont choqué plus particulièrement depuis mon retour en France, je vous dirai qu'un de ceux auxquels j'ai le plus de peine à m'accoutumer est cet étrange déplacement que je remarque dans les occupations naturelles aux deux sexes. Est-ce bien chez les Français, au pays de la galanterie et de la politesse, que l'on voit des femmes journellement employées aux transports des plus lourds fardeaux ; qu'on en rencontre d'autres attelées à des charrettes qu'elles traînent, en haletant, d'un bout de la ville à l'autre, tandis qu'en jetant les yeux dans les boutiques, vous les voyez remplies d'hommes dans la force de l'âge, occupés de travaux à l'aiguille ? Des hommes qui brodent ! des femmes qui labourent ! ce contraste affligeant et honteux, j'ai souvent eu occasion de l'observer sans sortir des barrières.

LE PHILOSOPHE.

J'en suis peut-être moins choqué que vous, en songeant qu'il est plus commun ici que partout ailleurs de trouver des gens qui ne sont pas de leur sexe.

L'HERMITE.

On ne justifie pas un abus par un abus plus grand. Ainsi, vous auriez beau me dire que plus d'un marchand en détail enfreint les réglemens de police en étalant en dehors de sa boutique, je ne me récrierais pas moins contre cette foule de revendeurs qui s'emparent, de tous côtés, de la voie publique, où ils établissent, au grand détriment des marchands domiciliés,

Leur comptoir sur roulette, et qu'on porte à dos d'homme.

Cet abus, qui, depuis quelques années, va croissant de jour en jour, est la source des plus graves inconvéniens : il tend, de vingt manières, à la ruine du commerce, en arrêtant le débit des marchands en boutique qui ne peuvent soutenir la concurrence avec des revendeurs qui ne paient ni loyer ni patente ; en ouvrant un débouché facile au négociant de mauvaise foi, pressé de vider à tout prix ses magasins; en facilitant la vente des marchandises volées ; en offrant mille moyens de tromper impunément l'inexpérience des acheteurs. Un autre inconvénient fâcheux de cet abus est de donner l'apparence d'un métier à une foule de vagabonds, qui s'en prévalent pour exercer impunément leur funeste industrie.

LE PHILOSOPHE.

On doit croire qu'un abus si commun n'a point échappé à l'active vigilance des magistrats ; mais toutes les circonstances ne sont pas également propres à faire le bien, ni même à réprimer le mal : il y a des tems où il *faut que tout le monde* vive, même lorsqu'on n'en *voit pas la raison*.

L'HERMITE.

Passons à des observations moins graves. Je ne puis voir sans humeur ces affiches de toutes couleurs dont on bariole, dont on défigure à Paris l'extérieur de nos monumens publics. J'ai dans l'idée que les archontes d'Athènes n'auraient pas permis aux *Laffecteur* de ce tems-là d'afficher leur *Rob anti-syphilitique* sur les propylées, ou même sur les murs du Céramique ; sans compter que plusieurs de ces placards sont un véritable outrage à la pudeur publique. Où serait l'inconvénient que l'autorité désignât, comme elle le fait pour les places de fiacres, les lieux où il serait permis d'afficher, et qu'elle reléguât dans le quartier de *Vénus Meretrix* ces pancartes indécentes qui salissent tous les coins des rues ? Il y aurait un autre avantage à adopter cette mesure : c'est au pays de la fièvre qu'il importe de faire connaître les propriétés du quinquina.

La propreté est une vertu dont je fais si grand cas, qu'en faveur de cette seule vertu je fais grâce aux Hollandais de beaucoup de qualités sociales qui leur manquent. C'est assez vous faire entendre à quel point je suis révolté des sales habitudes qu'on a laissé contracter aux dernières classes du peuple, et qu'un bon réglement de police, sévèrement exécuté pendant quelques mois, suffirait pour faire disparaître.

LE PHILOSOPHE.

Je vois que nous nous sommes partagé en idée les fonctions des édiles romains : vous vous êtes occupé des réformes à faire ; moi, je rêve aux établissemens utiles que l'on pourrait former.

Je voudrais que, profitant des découvertes faites, et dont un peuple voisin s'est le premier assuré les avantages, on parvînt, en multipliant les pompes à feu, à distribuer à Paris, comme à Londres, l'eau de la rivière dans toutes les maisons ; qu'au moyen du *phloscope* on y perfectionnât l'éclairage ; que toutes les places publiques y fussent plantées d'arbres, et que les grandes rues en fussent bordées.

Je voudrais qu'on établît des bains publics aux frais de l'Etat, où le peuple fût admis sans la moindre rétribution.

Je voudrais que les prisonniers condamnés à la simple détention fussent employés, comme à Berne, aux travaux publics, au balayage des rues, au nétoiement des égouts.

Je voudrais........

Le philosophe André voulait tant de choses, que je trouverai, dans le seul exposé de ses vœux, la matière d'un autre Discours.

N° XL. — *28 mars* 1816.

LE JOUR DE LA PREMIÈRE COMMUNION.

> De combien de douceurs n'est pas privé celui qui manque de religion? Quel sentiment peut le consoler dans ses peines? quel spectateur anime les bonnes actions qu'il fait en secret? quel prix peut-il attendre de sa vertu? comment doit-il envisager la mort?
> J. J. Rousseau, *Emile*.

Autant je trouve d'inconvenance et d'inconvéniens à faire de la religion le sujet d'une discussion publique, autant je trouve d'utilité et même de charmes dans ces entretiens particuliers où deux personnes cherchent mutuellement à s'éclairer, à se persuader, à s'instruire sur un objet d'une si haute importance. « Un peu de philosophie, a dit Bacon dans son chapitre *de la Superstition*, conduit à l'athéisme; beaucoup de philosophie ramène à la religion. » Les raisons dont il appuie cette vérité ne sauraient être trop souvent reproduites. « L'esprit de l'homme (continue l'illustre chancelier d'Angleterre), en examinant séparément les causes secondes, n'a souvent pas la force d'en sortir; mais s'il parvient à découvrir le lien qui les unit et les confédère, il s'en sert, comme d'un point d'appui, pour s'élever jusqu'à la Divinité, qui en tient en main la chaîne éternelle. »

La lecture de cet admirable chapitre *des Essais*, que je faisais, il y a quelques jours, à M*me* de Lorys, en nous promenant sur la terrasse du château de Senart, me servit de texte pour combattre un reste de préjugé que cette dame conserve contre la philosophie moderne. « En matière de religion, me disait-elle, je crains cet orgueil philosophique qui cherche à se rendre compte de tout; et, n'en déplaise à Bacon, plus on examine, plus on est près d'être incrédule. La religion ne demande que de la foi; la philosophie exige des preuves. — Elle fait plus : elle les fournit, et c'est dans l'excellence même de la morale qu'elle puise ses démonstrations. En annonçant que la religion est au-dessus de la raison humaine, la philosophie n'admet point qu'elle y soit contraire; elle ne dit point, comme certains théologiens, *Croyez, parce que* *cela est absurde;* * mais, Croyez, parce que cela est vrai, bon, utile. — Fort bien! mais, chez vos philosophes, ce mot *religion* a une acception bien étendue, et l'on serait souvent tenté de croire qu'ils respectent également le *Zend*, le *Coran* et l'*Évangile*.—C'est-à-dire, qu'ils croient une religion si nécessaire aux hommes, qu'ils pensent, avec raison, qu'il vaut encore mieux qu'ils en aient une mauvaise que de n'en point avoir; mais tous (je parle des philosophes véritablement dignes de ce nom) s'accordent sur ce point, que la religion chrétienne (à ne la considérer même qu'avec les yeux de la raison) est la plus utile et la meilleure, parce qu'elle donne à la vertu de plus nobles espérances, au vice de plus vives alarmes, au malheur de plus douces consolations; parce qu'elle est la seule au monde qui tende à élever l'homme au-dessus de lui-même, en lui faisant une loi d'aimer ses ennemis, de bénir jusqu'à ses bourreaux; parce qu'elle rétablit la nature humaine dans tous ses droits; parce qu'elle venge l'opprimé, et qu'elle maudit l'oppresseur. Après cela, il est également vrai de dire que ces mêmes philosophes, qui pensent que, de tous

* *Crede quia absurdam.*

les abus, les plus cruels sont ceux qui ont une source respectable, se sont de tout tems élevés contre l'intolérance et la superstition. — Beaucoup plus que contre l'athéisme ! Cependant, votre philosophe par excellence, Voltaire, n'hésite pas à dire que la superstition est moins dangereuse que l'athéisme. — Il s'est, je crois, contenté de les mettre sur la même ligne. J'ai bien présente à la mémoire cette pensée, qu'il répète en plusieurs endroits de ses ouvrages : un athée raisonneur, violent et puissant, serait un fléau *tout aussi funeste* qu'un superstitieux sanguinaire. — J'ai souvent eu occasion de remarquer que ces messieurs, qui ont une singulière tendance vers la réforme, appelaient *superstition* les pompes, les cérémonies de l'église, et qu'ils s'efforçaient de séparer le rite de la religion, dont il est le plus ferme appui et le plus sûr garant. — Vous me permettrez sur ce point d'être de l'avis de l'auteur du livre de *la Sagesse*, et de rappeler, après Charron, dont vous ne récuserez pas l'autorité, que *le culte extérieur est plus souvent le signe de l'ostentation humaine que de la vérité divine, et qu'il faut s'en acquitter sans hypocrisie, sans luxe, sans ambition.*

J'ajouterai (en m'appuyant d'un texte non moins respectable) « que la religion doit être la loi secrète de notre conduite, et non, comme nous en avons tant d'exemples, l'enseigne trompeuse d'une vie tout-à-fait étrangère à sa doctrine. »

La pluie vint interrompre notre entretien, au grand regret de Mme de Lorys, qui tenait beaucoup, disait-elle, à me ramener à son avis dans cette grave question; elle ajouta qu'elle en avait la certitude, si je consentais à passer, à Paris, avec elle toute la matinée du dimanche suivant. J'acceptai l'invitation. Mme de Lorys retourna à Paris, et je restai dans ma cellule champêtre. Le samedi matin, je reçus un billet qui me rappelait notre rendez-vous, où je devais me trouver à neuf heures précises. On me prévenait, par *post-scriptum*, qu'on ne déjeûnerait pas avant une heure.

Je fus exact; je trouvai Mme de Lorys dans son oratoire, où elle avait donné l'ordre qu'on m'introduisît, et je crus remarquer qu'elle était vêtue avec beaucoup plus de simplicité qu'à l'ordinaire. Cette dame, sans aucune des prétentions qui appartiennent à un autre âge, et dont personne ne sent plus vivement le ridicule, a néanmoins pour principe qu'il faut, non point parer, mais orner la vieillesse, comme on sème des fleurs autour d'un tombeau pour en rendre l'aspect supportable.

La remarque que j'avais faite ne lui échappa pas. « Il y a des jours, me dit-elle, et celui-ci est de ce nombre, où la créature humaine ne doit pas craindre de paraître dans toute son infirmité. Qu'importent les ravages du tems à qui ne doit s'occuper que d'une vie immortelle ! » Il y avait dans le son de sa voix, dans ses manières, une sorte de gravité qui ne lui est point ordinaire, et que je cherchais à m'expliquer, lorsqu'une vieille gouvernante entra avec la jeune Cécile,* âgée de quatorze ans, petite-fille et pupille de Mme de Lorys. Sa parure blanche, sans aucun ornement, le grand voile de mousseline dont elle était entièrement recouverte, je ne sais quel charme d'innocence et de candeur répandu sur toute sa personne, excitèrent en moi un mouvement d'admiration que j'aurais manifesté sans doute en me récriant sur la beauté de cette charmante enfant, si je

---

* La même que j'appelle Ida dans le Discours intitulé *les Confidences d'une jeune fille.*

n'eusse été averti, par un regard de Mme de Lorys, que ce n'était ni le lieu ni l'occasion d'un compliment de cette nature.

Cécile, les yeux baissés, s'approcha de sa grand'mère, qui la fit asseoir près d'elle et lui adressa la plus touchante exhortation. J'appris alors que ce jour était consacré au plus saint des devoirs, et que la jeune Cécile se préparait à le remplir pour la première fois. Quand Mme de Lorys eut cessé de parler, sa fille se mit à ses genoux, et la vénérable aïeule, d'une voix pleine de la plus touchante émotion, appela la bénédiction du Ciel sur la tête de la vierge orpheline, où brillait la céleste pureté des anges. Je ne restai point étranger au sentiment religieux dont leur cœur était rempli.

Mme de Lorys donna l'ordre de faire approcher une voiture de place; et comme je paraissais étonné qu'elle ne demandât pas son carrosse : « Je pense, me dit-elle, qu'il y a des actions dans la vie dont la sainteté ne s'accorde pas avec l'appareil d'un luxe mondain ; et nous aurions été à pied à l'église, ajouta-t-elle plus bas, si je n'eusse craint que la beauté de cette enfant n'attirât sur elle des regards que je veux en détourner, ou des observations dont elle ne doit pas être l'objet. »

Nous arrivâmes à l'église. Le grand nombre de voitures élégantes, de laquais à livrées, qui en obstruaient les avenues, me prouva que l'humilité chrétienne dont Mme de Lorys faisait preuve dans cette circonstance n'était point à l'usage de tous les fidèles.

Cécile alla prendre place parmi les jeunes communiantes qui occupaient la partie droite de la nef la plus voisine du chœur. Les communians de l'autre sexe étaient placés à gauche.

La piété paraît être un sentiment plus naturel au cœur des femmes qu'à celui des hommes; la cérémonie religieuse à laquelle j'assistais aurait suffi pour m'en convaincre : en jetant les yeux sur ces jeunes gens appelés à l'accomplissement du même devoir, on était également frappé du profond recueillement des unes et de l'espèce de contrainte que s'imposaient les autres, sans parvenir à dissimuler leur distraction.

Une seule observation était à l'avantage de ceux-ci : une simplicité plus entière, plus générale, se faisait remarquer dans leur vêtement, et la distinction des états et des rangs y disparaissait sous l'uniformité des habits; il n'en était pas ainsi parmi les jeunes filles, dont plusieurs étalaient un luxe de parure qui trahissait au moins la vanité de leurs parens.

Au milieu de ces *colombes du Seigneur*, pour me servir de l'expression du psalmiste, la modeste Cécile attirait tous les regards, moins encore par sa grâce angélique que par l'extase religieuse où elle était plongée. On se rappelait, en la voyant, la sainte dont elle porte le nom, et dont le pinceau de Raphaël a consacré l'image.

Le sermon qui fut prononcé dans cette circonstance solennelle ne répondit ni à l'attente ni aux besoins de l'auditoire. L'orateur chrétien, au lieu de profiter des pieuses et tendres dispositions des cœurs pour y semer la parole divine, pour y graver ces vérités éternelles que la morale enseigne et que la religion sanctifie, se contenta de débiter, d'une voix alternativement sourde et criarde, une dissertation théologique sur le plus auguste et le plus impénétrable des mystères. En tout autre lieu j'aurais, je crois, interrompu le prédicateur, en lui adressant la question que faisait César à je ne sais quel mauvais orateur de son tems : « Parlez-vous, ou chantez-vous ? Si vous chantez, je vous préviens que vous chantez fort mal.* »

La procession des jeunes communians allant à l'offrande est encore un moment de triomphe pour la vanité, dont il serait à souhaiter qu'on pût éviter l'occasion : la grandeur et la forme du cierge qu'ils ont en main, la beauté de la poignée de velours garnie de franges d'or et d'argent dont il est orné, la valeur de l'offrande que chacun doit présenter, est entre eux l'objet d'une émulation qui n'est pas toujours exempte d'orgueil et d'envie.

Il est des actions si saintes, qu'on peut craindre de les profaner en les décrivant. Je ne suivrai donc point les nouveaux communians au pied du sanctuaire, au moment

. . . . . . Où l'Ange, dans les cieux,
Courbe lui-même un front religieux.

Je m'abandonnai moi-même, sans examen, au mouvement d'adoration dont tous les cœurs étaient saisis, et qui se manifestait au front des mères par un pieux attendrissement qui allait jusqu'aux larmes.

* *Si loqueris cantas ; si cantas, malè cantas.*

La figure de Mme de Lorys rayonnait d'une joie céleste au retour de l'autel, d'où elle ramenait sa petite-fille, belle de cette grâce divine qu'elle avait été puiser à sa source.

Le service fini, nous rentrâmes à l'hôtel; et lorsque Cécile se fut retirée dans sa chambre, où elle témoigna le désir de déjeûner seule, nous reprîmes notre entretien sur l'utilité de la pompe des cérémonies religieuses. « Je conviens, disais-je à Mme de Lorys, que le culte extérieur est utile à la religion, qu'il rend plus solennelle, dont il personnifie en quelque sorte la spiritualité; mais peut-être faut-il craindre, en abusant d'un pareil moyen, de donner à certains philosophes le droit d'observer que les religions païennes.... » Quelqu'un entra, et la conversation prit un tour moins sérieux.

N° XLI. — 4 *avril* 1816.

L'ARTISAN DANS SON MÉNAGE.

—

>Peuple, les passions ne brûlent pas ton cœur ;
>Le travail entretient ta robuste vigueur ;
>Hélas ! sans la santé que m'importe un royaume !
>On veille dans les cours et tu dors sous le chaume.
>Tu conserves tes sens ; chez toi le doux plaisir
>S'aiguise par la peine et vit par le désir.
>   Thomas, *Ep. au Peuple.*

Je dirais volontiers comme Abdolonyme, après qu'Alexandre lui eut fait présent d'un trône : « Tant que je n'ai rien eu, rien ne m'a manqué. » J'ai long-tems cru que la santé était la seule richesse véritable, et je me contentais de la preuve qu'en donne Fontenelle en observant « que le dernier des valets bien portant ne changerait pas sa condition contre celle d'un empereur dangereusement malade. » Je commence un peu tard à me créer des besoins factices, et pour peu que la nature me donne le tems de me civiliser, j'arriverai, comme le *mondain*, à regarder le superflu comme une chose très-nécessaire.

Si l'on n'est pas encore parvenu à me faire honte de l'extrême simplicité de mon ameublement, on m'a déjà persuadé qu'il était nuisible à ma santé (comme si l'on avait une santé à mon âge) de conserver, sous un ciel froid et humide, l'habitude contractée dans un climat brûlant de coucher par terre, sur des nattes et des peaux d'ours. Le médecin de Mme de Lorys y voit le principe des douleurs rhumatismales dont je suis tourmenté depuis quelque tems. Je sais bien qu'il ne tiendrait qu'à moi de trouver à mes souffrances une cause plus naturelle; mais il y a des aveux qu'on ne se fait que le plus tard possible, de peur d'être obligé d'en tirer immédiatement la conséquence.

Je me suis donc laissé convaincre que j'avais besoin de meubler convenablement ma cellule pour y vivre bien portant, et qu'un lit, un canapé, des fauteuils, un secrétaire, une commode, en un mot, toutes les superfluités dont je me suis passé si long-tems, m'étaient devenues tout-à-coup indispensables.

La nécessité une fois admise, j'ai voulu du moins que les choses destinées à mon nouvel usage ne contrariassent pas trop mes anciennes habitudes, et, sans égard à la mode, avec laquelle je n'ai plus rien à démêler, j'ai réglé la matière, les formes et les dimensions de mes meubles, que je suis allé commander moi-même. Cette circonstance m'a fait connaître et m'a mis à même d'observer une famille d'artisans ; j'ai pensé que le tableau n'en serait pas sans quelque intérêt.

J'avais entendu parler d'un garçon ébéniste très-intelligent et chargé de famille ; cette double recommandation décida mon choix.

Ce ne fut pas sans beaucoup de peine que je parvins, aidé de la vieille expérience du cocher de fiacre qui me conduisait, à découvrir la demeure de cet homme dans une maison ou plutôt dans une masure au fond de la ruelle du Mûrier, où il occupait, sur le derrière, un rez-de-chaussée de quatre ou cinq pieds plus bas que la cour.

Joseph *Brabart* (c'est le nom de cet artisan) n'était pas chez lui lorsque j'arrivai, et comme je pouvais craindre de n'être pas assez heureux une seconde fois pour retrouver son logis, je me décidai à l'y attendre.

Cette résolution me coûta d'autant moins, qu'au premier coup-d'œil j'avais vu le parti que je pouvais tirer de ma situation. Une jeune femme était venue me recevoir dans l'atelier où travaillait en chantant un petit garçon qui avait à peine la force de pousser le rabot qu'il tenait à la main. Après m'avoir assuré que son mari ne tarderait pas à rentrer, elle m'avait invité, avec une simplicité très-gracieuse, à passer dans la chambre, où j'attendrais plus commodément.

Cette chambre faisait partie d'une espèce de hangar, sous lequel une main industrieuse avait trouvé le secret de fabriquer, de distribuer un logement pour une nombreuse famille. Je doute que la construction des plus beaux palais modernes suppose la moitié autant de talent, de goût, d'imagination qu'on en avait déployé pour établir une habitation saine, commode, j'ai presque dit agréable, dans un pareil emplacement, où il avait fallu tout créer, jusqu'à la lumière : c'était partout le triomphe de l'adresse et de la patience la plus ingénieuse. Je témoignai hautement ma surprise. « Nous n'avons trouvé ici que quatre murailles (me dit la jeune femme en satisfaisant ma curiosité, à laquelle aucun détail n'échappait); mon mari a construit cette maisonnette dans toutes ses parties; aucun autre ouvrier n'y a mis la main. Il a tout fait dans les heures de repos. — Mais, c'est un homme de génie dans son genre que votre époux ! et je ne suis étonné que d'une chose, c'est qu'il n'ait pas formé un établissement plus considérable, dans un autre quartier. — *Brassart* n'est qu'un simple ouvrier ; faute d'ouvrage à domicile, il travaille la plupart du tems chez le *bourgeois*. — Combien gagne-t-il par jour ? — Environ six ou sept francs, quand il est à ses pièces. Mais, comme les *bourgeois* savent qu'il n'est pas moins laborieux qu'habile, depuis quelque tems ils semblent s'être donné le mot pour ne le prendre qu'à la journée, et il ne gagne alors que cinquante sous. — Vous avez des enfans : comment une somme aussi modique peut-elle vous suffire ? — Le soin du ménage ne prend pas tout mon tems ; je brode, je blanchis les schals, et je puis, de mon côté, gagner encore mes vingt sous par jour. Avec cela, nous vivons ; nos enfans s'élèvent ; et comme nous nous aimons beaucoup, nous serions heureux si nous étions sûrs de toujours nous bien porter. (Je ne puis dire à quel point je me plaisais à la conversation de cette femme, dont la figure naturellement douce et agréable prenait, en parlant de ses enfans et de son mari, une expression charmante.)

» — Combien avez-vous d'enfans (lui demandai-je en lui faisant compliment sur sa jolie petite fille, qu'elle nourrissait et qui dormait sur ses genoux) ? — Monsieur, j'en ai quatre, deux garçons et deux filles ; l'aînée, qui a onze ans, est allée porter le déjeûner de son père ; elle travaille déjà presqu'aussi bien que moi. Vous avez vu le plus jeune des garçons dans l'atelier ; mon mari conduit l'autre tous les matins dans cette nouvelle école primaire, dont je bénis tous les jours l'institution. Il n'y a pas plus de six mois que Charles la fréquente, et déjà il sait lire, écrire, et même un peu compter.

» — Vous avez raison : c'est un bien grand bienfait qu'un pareil établissement ; je vous conseille d'en profiter bien vîte : les idées utiles naissent dans ce pays ; mais, d'ordinaire, on les cultive ailleurs. — Combien je regrette que de pareilles écoles n'aient pas été établies quand mon pauvre Joseph était encore enfant! il eût appris à lire et à écrire, et cet avantage, le seul qui lui manque, aurait fait connaître tous ceux qu'il possède; il se fût fait un nom dans son état; il serait aujourd'hui le rival des *Jacob*, des *Thomire* : il est vrai qu'il ne m'eût pas connue, qu'il ne m'eût pas épousée ; cette réflexion adoucit un peu mes regrets. »

La petite fille s'éveilla en souriant à sa mère, qui ne lui fit pas attendre la récompense du plaisir que lui procurait son réveil.

Un moment après, Joseph entra suivi de ses trois enfans ; il embrassa sa femme et sa fille avant de me saluer, et je lui sus bon gré de cette impolitesse. Je lui parlai de l'objet qui m'amenait chez lui, et, comme les vieillards sont sujets à reprendre les choses d'un peu loin, je lui fis à-peu-près l'histoire de ma vie. Toute la famille rangée autour de moi m'écoutait avec une extrême attention, et le désir que chacun témoignait de se voir un jour dans la position où je m'étais trouvé chez les sauvages me fit souvenir que j'avais souvent entretenu des Caraïbes du bonheur d'un peuple civilisé, sans avoir pu faire naître chez aucun d'eux l'envie de partager un pareil bonheur. Les enfans me pressaient de questions ; le père ne se montrait guère moins curieux ; mais la mère, prévenant leur importunité avec ce tact naturel aux femmes de toutes les classes, les emmena, et me laissa seul avec son mari.

Je m'expliquai sur l'espèce et la quantité des meubles dont j'avais besoin ; et comme j'insistai sur des formes qui pouvaient lui paraître bizarres : « Je vois ce qu'il faut à Monsieur, » me dit-il ; et, prenant un morceau de charbon, il me dessina en quatre traits, sur la muraille, le modèle de ces différens objets, bien mieux entendus que je n'avais pu les exprimer. Cette facilité de conception, où je remarquais la preuve d'une intelligence qui se restreignait pour ne pas aller au-delà du but qui lui était indiqué ; les discours de cet homme, où la pensée bouillonnait, si j'ose m'exprimer ainsi ; plusieurs machines de son invention, exécutées en petit, qu'il me fit voir : tout me montrait en lui un de ces génies bruts pris au piége de la société, et dont la vigueur n'a pu briser les entraves. Il me donnait l'idée d'un aigle élevé dans une cage étroite, et dont les efforts s'épuisent contre les barreaux de sa prison. Cette idée que je me faisais de sa position, Joseph me paraissait en avoir le sentiment : j'en concluais qu'il ne pouvait être heureux, et quelques réflexions lui révélèrent ma pensée.

« Il est bien vrai, Monsieur (me dit-il presque dans les mêmes termes dont je me sers), que j'ai eu quelque peine à prendre mon parti. Je me suis souvent demandé avec amertume, en voyant prospérer tant de gens qui valaient moins que moi, pourquoi la fortune me traitait avec tant d'injustice. Dans mon dépit, j'aurais, je crois, fini par faire quelque coup de ma tête ; mais je me suis marié, c'est-à-dire que j'ai épousé le bonheur en personne. Ah ! Monsieur, si vous connaissiez Rosalie ! C'est bien la meilleure créature du monde. Aussi, je l'aime !..... et mes enfans !...... Tant il y a, qu'aujourd'hui je ne changerais pas ma condition contre celle du plus grand seigneur. — Avec tant d'imagination, M. Joseph, je suis bien aise de vous trouver tant de raison. — L'imagination est à moi ; la raison est à ma femme ; nous les avons mis en commun. Rosalie, qui sait lire, apprend à sa fille les fables de *La Fontaine*, et je fais mon profit de l'avis qu'il me donne :

> Travaillez, prenez de la peine,
> C'est le fonds qui manque le moins.

Je ne suis pourtant pas sans inquiétude : je songe quelquefois que le pain de ma famille est au bout de mes doigts, et qu'une maladie de quelques jours peut nous réduire à la misère ; mais je m'étourdis, à coups de maillet, sur ces tristes réflexions ; le travail du corps délivre des peines de l'esprit. Voilà le bonheur du pauvre. — Ne craignez rien, mon cher Joseph, la santé manque rarement à l'homme sage et laborieux ; un philosophe envers qui la fortune a été plus juste qu'envers vous, et qu'elle a pris dans la classe des artisans pour l'offrir en spectacle et en modèle à la terre, *le bon homme Richard* a dit et prouvé, par son exemple, *que l'oisiveté ressemblait à la rouille; qu'elle usait plus que le travail*. Cette habitude d'exercer ses facultés physiques éloigne les douleurs du corps, ou conduit à les vaincre, et la récompense de cette victoire est presque toujours le mépris de la mort.

» La misère n'est point à craindre pour vous; mais vous avez le droit et les moyens d'atteindre à l'aisance; votre qualité d'époux et de père vous fait un devoir d'y prétendre. Dans tout état, il y a une ambition louable qui consiste à étendre sa sphère sans en sortir. Travaillez pour votre compte. — Il faut pour cela de l'ouvrage et des avances : pour avoir de l'ouvrage il faut être connu; pour avoir des avances il faut dépenser moins qu'on ne gagne, et je n'en suis pas là. — Il n'y a, dit-on, que le premier pas qui coûte; je puis vous aider à le faire. J'ai vu mettre en vogue tant de sots et de charlatans en tout genre! peut-être avec un peu plus de peine pourrait-on parvenir à faire connaître un homme utile. Je veux l'essayer; les avances dont vous auriez besoin à combien pourraient-elles se monter ? — Avec une centaine de louis je serais sûr de commencer et de soutenir un bon établissement de menuisierébéniste. — Je connais le propriétaire d'un château que les alliés ont occupé pendant quelques mois : il a besoin d'être meublé à neuf ; je me charge de vous en faire avoir la fourniture, qui vous sera payée d'avance. Venez me voir demain-matin. »

N° XLII. — 11 *avril* 1816.

UNE RÉPÉTITION AU GRAND OPÉRA.

> ......*Licet hic concidere : non est*
> *Cantandum, res vera agitur.*
> JUVÉNAL, *Sat. IV.*
>
> Arrêtons-nous ici : ce n'est point de la fiction,
> c'est de la réalité même qu'il s'agit.

Après avoir achevé ma vie d'homme chez les sauvages, j'en recommence une nouvelle dans la société, où je suis le plus vieux des enfans. J'en ai les défauts, j'ose même dire les qualités; pour en avoir les plaisirs, il me reste un peu trop de mémoire ; mais j'ai trouvé le moyen de la mettre en défaut : je commence par jouir des objets à l'insu de mes souvenirs, et je n'invoque mon expérience qu'après avoir satisfait ma curiosité.

Je suis lié avec trois hommes de caractères très-différens : le philosophe André, espèce de gymnosophiste, qui vit dans le monde idéal qu'il s'est créé, et dont il a d'excellentes raisons pour ne pas sortir; l'encyclopédiste Binome, l'homme, au contraire, le plus *positif* qui soit sur le globe : soumettant tout au calcul, et préférant le bien au mal, par la seule raison que la ligne droite est la plus courte pour arriver d'un point à un autre; enfin, M. Walker, qui *se promène dans la vie* (pour parler le langage à la mode), et qui paraît y avoir pris pour devise : *Glissons, n'appuyons pas*. Je vois ces trois messieurs alternativement; je raisonne avec le premier, je m'instruis avec le second, et je m'amuse avec le troisième. Celui-ci me fait faire un cours de spectacle. Il m'avait conduit la semaine dernière chez le célèbre ventriloque M. Comte. Si je fus étonné d'entendre un homme parler du ventre, je ne le fus pas moins d'en voir un autre, ce Jacques de Falaise, qui fait une ménagerie de son estomac, où il engloutit tout vivans des oiseaux, des souris et des serpens, qu'il va tuer ensuite au fond de leur prison avec l'épée des jongleurs indiens qu'il se plonge dans la gorge jusqu'à la poignée. Jacques de Falaise peut se faire passer pour le père de Gargantua; personne ne lui contestera le nom de *Grandgousier*.

Nous avions achevé notre soirée au spectacle uranographique de M. Charles Rouy, lequel, au moyen d'un mécanisme fort ingénieux, met en action le système du monde, en développe les mouvemens et en démontre les lois. M. Walker, que cette leçon d'astronomie n'amusait pas du tout, prétendait me prouver qu'on avait beaucoup exagéré le mérite de la création, et qu'après tout il ne voyait là qu'une horloge qui n'allait pas très-bien. Je ne me croyais pas obligé de répondre sérieusement à des objections où il mettait plus de ce que les Anglais appellent *humour*, que de bon sens et de bonne foi, et je me contentais de lui demander s'il connaissait quelque chose de plus étonnant. « On voit bien, me dit-il, que vous n'avez pas assisté à une répétition d'opéra; c'est là que l'on peut dire : *Mens agitat molem*; c'est là qu'on voit tout ce que l'on peut faire avec de la matière et du mouvement; qu'on apprend de quelles petites causes naissent de grands effets; qu'on voit l'ordre sortir du désordre même; qu'on observe à-la-fois le jeu des machines et des passions, et qu'on se dit en sortant, pour peu qu'on soit enclin à faire des jeux de mots et de la morale : Voyez pourtant à quoi tient *la gloire* !

» Il y a des choses, ajouta-t-il, dont on ne s'étonne pas assez, parce qu'on n'en connaît que les résultats, et qu'on ignore combien de ressorts il a fallu mettre en mouvement pour les produire. Telle est, à mes yeux du moins, la première exécution d'un grand opéra : depuis que j'ai vu s'accomplir cette œuvre merveilleuse ; que j'ai vu se débrouiller les élémens hétérogènes dont elle se compose ; en un mot, depuis que j'ai vu une répétition d'opéra, je me range à l'opinion des mythologues, qui font le chaos père des Dieux, et je conçois qu'on ait donné le nom *d'opéra* (d'ouvrages) à cette parodie de la création..... »

Après un quart d'heure d'entretien sur ce grave sujet, nous convînmes d'aller le lendemain ensemble voir la répétition de l'opéra nouveau.

Lorsque nous arrivâmes, il n'y avait encore sur le théâtre que le machiniste, le décorateur, l'auteur du poëme, et le maître des ballets, occupés à essayer la principale décoration, que l'on mettait pour la première fois en place. Le décorateur n'était frappé que de l'effet isolé qu'elle devait produire ; le machiniste de la difficulté qu'il voyait à *la servir ;* le maître de ballet du peu d'espace qu'elle laissait à la danse ; et l'auteur, qui faisait semblant de n'y voir que le cadre de son tableau, s'applaudissait en secret d'éblouir, par l'éclat de la bordure, les yeux des spectateurs, dont il n'était pas aussi sûr d'intéresser l'esprit. A la manière dont il s'exprimait, on pouvait s'apercevoir qu'il était du nombre de ces poètes-décorateurs qui veulent faire de l'Opéra le Paradis des sourds.

Insensiblement tout le monde arriva, et la foule des chanteurs, des danseurs, des musiciens, des comparses remplit le théâtre. Quelle cohue ! quelle confusion ! Les uns parlent, les autres chantent ; ceux-ci dansent, et à force de ronds de jambe se font un cercle autour d'eux. Je circule de groupe en groupe en prêtant l'oreille : dans les uns on parle de la pièce nouvelle comme en parleront le surlendemain les journaux. « C'est un enchanteur, dit-on ici : une musique délicieuse, des ballets charmans ; quel dommage que l'action soit aussi nulle, et les vers aussi plats ! — La pièce est excellente, dit-on plus loin ; les vers sont pleins de charme et de mélodie ; mais, bon Dieu ! quelle musique ! Du bruit, du fracas, des réminiscences, et pas un motif ! »

« Voilà deux avis bien différens, disais-je à M. Walker : lequel croire ?

» —Probablement la dernière moitié de chacun, me répondit-il ; mais nous *verrons bien.* »

Nous sortîmes de la foule, et nous nous mîmes à parcourir les coulisses. Ici les groupes étaient moins pressés, à mesure qu'on s'éloignait du tourbillon ; les conversations devenaient plus intimes, et les interlocuteurs moins nombreux ; on remarquait la même dégradation dans le ton de voix et dans le ton des lumières : là où l'on voyait le moins clair, on parlait le plus bas.

Ce vaste tableau, dont il était impossible de saisir l'ensemble, se composait d'une foule d'épisodes sans rapport, sans liaison ; tout était incohérent, bizarre, décousu, mais non pas entièrement dénué de cette grâce, de ce charme inhérent au lieu même. J'avais à peine le tems d'arrêter un regard sur les images fugitives qui passaient sous mes yeux. Mon attention se portait-elle sur cette grande danseuse qui, la main appuyée contre une coulisse, écoutait, en élevant la jambe au niveau de son épaule, un petit jeune homme en besicles, qui se baissait pour lui parler ; une réflexion morale se présentait-elle à mon esprit en remarquant

> Cette tige sans fleur caduque en son printems,
> Expirant de vieillesse à l'âge de vingt ans ;

j'en étais aussitôt distrait par une observation d'un autre genre. Un de ces vétérans de la fatuité qui ont vieilli dans le balcon de l'Opéra, et qui ont vu se succéder quatre ou cinq générations de danseuses, avait bien de la peine à suivre même des yeux une petite fille de quinze ou seize ans dont il portait le schall, et qui voltigeait autour de lui comme une hirondelle autour d'un vieux saule.

A quelques pas de là, une autre prêtresse de Terpsychore souriait modestement à un grand homme mince, décoré d'ordres étrangers, et lui disait en terminant en attitude une pirouette à la Gosselin : « Baron, je ne promets rien ; il faut que j'en parle à ma tante. — Comment ! vous avez une tante ? demandait celui-ci. — Je le crois bien, répondit en passant un petit danseur en veste blanche ; elle a même une mère dans les grandes occasions. »

M. Walker me fit successivement connaître par leur nom les principaux sujets que je ne connaissais encore que par leurs talens. Les anecdotes plus ou moins gaies, plus ou moins singulières, dont il égaya cette nomenclature, sont du ressort de la biographie.

Il était près de huit heures ; on commença par répéter l'ouverture, et nous allâmes prendre place au parterre. Le compositeur, auprès de la rampe, battait la mesure de la tête et des gestes ; rien de plus curieux à observer que sa figure, où se répétaient d'une manière très-comique toutes ses intentions musicales : elle prenait tour-à-tour, et suivant le mouvement de l'orchestre, un caractère gracieux, tendre, enjoué, martial ou terrible ; une note fausse, un son hasardé qu'il saisissait dans ce chaos d'instrumens, lui faisait faire une grimace qui dégénérait en convulsion, pour peu que la dissonance se renouvelât. On s'interrompait à tout moment pour marquer les fautes qui se trouvaient dans les parties, pour recommencer un passage qui allait plus mal à mesure qu'il était plus répété ; les musiciens s'impatientaient, le chef d'orchestre ne se reconnaissait plus au milieu des renvois dont la partition était surchargée ; enfin, l'ouverture achevée, on pouvait croire que dix répétitions semblables ne suffiraient pas pour en assurer l'exécution.

La pièce commença : l'auteur du poëme, qui était connu de Walker, vint s'asseoir près de lui, et nous pria de vouloir bien prêter quelqu'attention à l'ouvrage, pour lui en dire ensuite notre avis: La tâche n'était pas facile, comme on va voir. L'exposition se faisait entre deux personnages dont l'un, la cravache à la main, débitait son récitatif en pirouettant sur le talon et en faisant des mines à une petite personne assise à l'orchestre ; l'autre entremêlait sa déclamation notée des ordres qu'il donnait au tailleur pour son costume. On interrompit l'ouvrage, dès la seconde scène, pour attendre la *princesse*, qui manqua son entrée d'un grand quart d'heure ; le compositeur eut la hardiesse de lui témoigner quelque mécontentement: elle prit de l'humeur, passa tous ses airs, et chanta si bas dans les duos, dans les morceaux d'ensemble, qu'elle fit perdre le ton et manquer *la réplique* à tous ceux qui se trouvaient en scène avec elle.

Dans une espèce de monologue auquel le poëte attachait beaucoup d'importance, il interrompit l'acteur pour lui faire observer qu'il estropiait ses vers et qu'il ne les faisait pas assez entendre : celui-ci lui répondit « qu'il n'était point ici question de vers, et qu'on entendait toujours assez les siens..... »

Le second acte se terminait par un pas de ballet qu'il était d'autant plus nécessaire de répéter, qu'il faisait partie de l'action ; mais *Vénus*, qui devait y figurer, venait d'envoyer prévenir qu'une entorse l'empêchait de quitter Cythère ; les *Grâces* disparurent.

Les *Jeux* et les *Ris* auraient bien voulu suivre leurs traces ; mais le maître des ballets, armé de sa grosse canne dont il frappait les planches à coups redoublés, en rassemble aussitôt les nombreux essaims. Comment imaginer que ces hommes en redingotes, ces femmes emmitouflées qui paraissent se mouvoir en cadence avec tant de peine et d'ennui au bruit si peu harmonieux du bâton ferré qui les guide ; comment s'imaginer, dis-je, que ces mêmes personnages, transformés le lendemain en zéphirs, en nymphes légères, enchanteront l'esprit, éblouiront les yeux par la légèreté de leurs pas, par la grâce et l'abandon de leurs mouvemens ? Peut-on se figurer que ces esquisses grossières deviennent tout-à-coup des tableaux ravissans ?

Le troisième acte, qui fut chanté par les *doubles*, finit sans que j'aie pu deviner le sujet de l'ouvrage, malgré le soin que prenait l'auteur de déclamer trop haut les vers que l'acteur chantait trop bas. « Eh bien ! Monsieur, franchement, me dit alors le moderne Quinault, que pensez-vous de la pièce ? — Que le sujet peut en être intéressant et bien choisi ; qu'il y a peut-être de beaux vers, de belle musique, des ballets charmans ; mais, s'il faut vous dire toute la vérité, que je n'ai rien compris à l'action ; que je n'ai pas entendu vingt vers ; que je ne puis juger ni de la musique, dont on n'a pas exécuté cent mesures de suite, ni des ballets, dont je n'ai vu que les masses.... — C'est la première fois que l'Hermite vient à une répétition, reprit M. Walker ; il s'est perdu dans ce labyrinthe : moi, qui en tiens le fil, je crois pouvoir vous prédire un très-beau succès. Les décorations sont charmantes; on y exécute des vols prodigieux ; les premiers sujets figurent dans la danse, et je sais de bonne part que les tuniques de ces dames ne passeront pas le genou : il y a là de quoi faire courir Paris pendant trois mois. Après cela, si vous m'en croyez, coupez beaucoup dans le premier acte ; dans le second, arrivez le plus vîte possible au ballet, et souvenez-vous que le troisième ne doit servir qu'à préparer le divertissement final. » L'auteur nous quitta très-rassuré sur son ouvrage ; et moi, je me demandai (s'il était vrai que le goût et l'opinion de M. Walker sur l'Opéra fussent en effet le goût et l'opinion du jour) ce qu'était devenu ce théâtre,

> Où les beaux vers, la danse, la musique,
> De cent plaisirs font un plaisir unique.

N° XLIII. — 18 *avril* 1816.

CONDITION ACTUELLE
DES HOMMES DE LETTRES.

Ingenium sibi qui vacuas desumpsit Athenas
Et studiis annos septem dedit, insenuitque
Libris, mercurii statuâ taciturnior exit
Plerumque et risu populum quatit......
Hor., Ep. ii, liv. ii.

Un sage qu'ont vieilli ses livres et ses peines,
Qui consuma sept ans en d'immenses travaux,
Se montre quand il sort des ruines d'Athènes
Aussi muet qu'un marbre, et donne à rire aux sots.
Trad. de Daru.

Je ne sais pas s'il est bien exact d'appeler le siècle de Louis XIV le siècle des lettres par excellence, et je ne désespère pas qu'il ne soit un jour permis d'examiner si le siècle où florissaient Voltaire, Montesquieu, Rousseau, Buffon, d'Alembert; où brillaient, dans un ordre inférieur, Diderot, Crébillon, Duclos, Thomas, Delille, Marmontel, Laharpe, Dueis; et, en troisième rang, Gilbert, Collardeau,

Florian, et une foule d'autres écrivains recommandables au même degré ; je ne désespère pas, dis-je, qu'un siècle illustré par tant de grands hommes ne rivalise un jour de gloire et de splendeur avec celui qu'ont immortalisé à si juste titre les noms des Molière, des Bossuet, des Racine, des Pascal, des Fénélon et des Boileau ; mais ce n'est point ici la place d'une pareille discussion, et, tout en conservant, jusqu'à nouvel ordre, au 17e siècle la qualification de *siècle des lettres*, j'appellerai le 18e *le siècle des gens de lettres*.

Tout ce qu'avait pu faire le génie des grands hommes contemporains de Louis XIV avait été d'appeler sur eux un degré de considération personnelle qui les mettait presque de niveau avec un trésorier de l'épargne ou un receveur de gabelles ; mais l'estime qu'on leur accordait individuellement ne s'étendait pas encore à leur profession. Au siècle des La Rochefoucault, des Sévigné, il était encore du bon ton pour un gentilhomme de ne savoir pas l'orthographe ; et Cavoie mettait une sorte de courage à se montrer avec Racine à la cour. Le savoir doit des ménagemens à l'ignorance : elle est son aînée ;

aussi les gens de lettres ne réclamèrent-ils pas contre un dédain impertinent qui devait cesser avec la cause qui l'avait produit. Le premier effet d'une éducation plus libérale parmi les grands fut de leur inspirer l'amour des lettres, et de les rapprocher de ceux qui les cultivent par état.

Dans aucun tems cette alliance, dont Voltaire avait posé les bases, ne fut en France plus étroite, plus générale que dans le siècle dernier ; la grandeur, l'esprit et le talent se prêtaient alors un appui mutuel et se confondaient quelquefois dans les mêmes personnes. On peut se figurer quel devait être le charme des assemblées de Mmes Du Deffant, d'Epinay, Geoffrin, d'Houdetot, où se trouvaient réunis tous les genres d'illustration, où Montesquieu consultait la duchesse d'Aiguillon sur les *Lettres Persanes*, où d'Alembert disputait à l'auteur de la Tactique le cœur de Mlle Lespinasse, où Rousseau déclamait contre la noblesse en présence de la maréchale de Luxembourg. La protection que les d'Argenson, les Turgot, les Malesherbes accordaient aux lettres et aux arts n'était point, comme on l'avait vu avant, comme on l'a vu depuis, le salaire de ces éloges que prodiguent aux hommes en place des écrivains faméliques que l'on peut comparer à ces mendians qui demandent l'aumône aux voyageurs sur la grande route en jetant des fleurs dans leur voiture ; une honorable indépendance était le partage exclusif des écrivains de cette époque, qui se piquaient également de bien dire et de bien faire, et dont la plupart n'étaient pas moins célèbres par leur caractère que par leur talent. Les noms de Thomas, d'Helvétius, de Duclos, de Saint-Lambert, sont également chers aux amis de la vertu et aux amis des lettres ; et ces nobles marques distinguent encore parmi nous ceux de leurs contemporains qui leur survivent.

De tout tems les hommes qui ont travaillé avec le plus de zèle à l'instruction, et conséquemment à l'amélioration de la race humaine, sont ceux qui ont eu le plus à souffrir de l'injustice de leurs compatriotes ; presque tous ont pu dire, comme le chancelier Bacon, dans son testament prophétique : « Je lègue mon nom et ma mémoire aux nations étrangères et aux siècles à venir.* »

* *I leave my name and memory to foreign nations and to the next ages.*

Aucune classe de la société n'a eu plus à souffrir que les gens de lettres de cette révolution que la plus insigne mauvaise foi les a si souvent accusés d'avoir faite : quels hommes ont plus à craindre, ont plus à perdre, dans un bouleversement général, que ceux qui cultivent le domaine des arts et des sciences, et dont les travaux ne peuvent être récompensés qu'au sein d'un Etat où règnent la paix, l'ordre et l'abondance? Les hommes de lettres, que l'on appelait dès-lors les *philosophes*, avaient sans doute contribué de leurs écrits à des réformes que tous les bons esprits appelaient d'un bout de la France à l'autre, et que les progrès de la raison et des lumières avaient rendues indispensables. Presque tous réunis, comme ils le sont encore, dans le vœu d'une monarchie constitutionnelle, ils firent tête à l'orage, et opposèrent, de distance en distance, une faible digue au torrent révolutionnaire, où Bailly, Roucher, Lavoisier, Champfort, Condorcet, et plusieurs autres, se virent successivement entraînés. Dans ces tems de crime et de malheur, un seul écrivain sauva sa vie aux dépens de son honneur, en faisant en mauvais vers l'apologie de ces odieuses saturnales ; et l'expiation publique qu'il en a faite n'est point de nature à en absoudre sa mémoire. La terreur qui pesait sur la France, et qui menaçait, sur-tout alors, les hommes éclairés, comprimait en vain l'opinion publique : quelques écrivains courageux, au mépris de la hache suspendue sur leur tête, osèrent la faire entendre. *L'Ami des Lois* * ne craignit pas d'accuser, en plein théâtre, le chef de la plus odieuse et de la plus dégoûtante tyrannie : « *Des lois, et non du sang!* » criait un auteur sur la scène, en présence même d'un comité de tigres qui voulaient *du sang, et non des lois*.

C'est encore à une époque postérieure, parmi les gens de lettres, qu'il faut chercher les exemples d'un courage peut-être plus rare, de celui qui résiste aux séductions de la puissance, aux prestiges de la gloire, aux promesses de l'ambition, à la contagion de l'exemple. Je ne nommerai que Ducis : on peut impunément rendre justice aux morts.

La fortune est bien rarement la compagne des

* Titre d'une comédie de M. Laya, représentée sous le règne de la terreur, et que l'auteur avait dû regarder comme son arrêt de mort.

enfans d'Apollon. Les sots trouvent mille chemins pour arriver à son temple ; les gens de lettres y marchent par des sentiers étroits, s'égarent ou s'amusent en route, et n'arrivent presque jamais ; à défaut des richesses qu'ils n'ambitionnaient pas, jadis du moins, ils pouvaient aspirer à la gloire ; et le Tasse, réduit à ce degré d'indigence qu'il invitait son chat à lui prêter dans la nuit la lumière de ses yeux,

Non avendo candele per iscrivere i suoi versi !

se consolait de la misère présente en songeant au triomphe qui l'attendait.

L'amour des lettres est, sinon entièrement éteint en France, du moins extrêmement affaibli. Les deux seules branches, ou plutôt les deux seules feuilles de l'arbre de la littérature sur lesquelles puissent encore vivre les abeilles (d'autres diront les insectes du Parnasse) sont les journaux et les mélodrames : tout autre moyen d'existence leur manque, à une époque où l'on ne lit plus même des romans ; où l'on parle avec le même dédain des beaux vers de M. R., et des bouts rimés de M. N.

La sottise a pour maxime héréditaire que les gens de lettres ne sont propres à aucun emploi, et qu'un homme, connu par des ouvrages qui supposent des études, des connaissances, un esprit supérieur, est par cela même incapable d'occuper une place de commis. C'est en vain qu'on répond à cette vieille impertinence « que les hommes de lettres dignes de ce nom sont au contraire propres à tout; qu'il n'y a point eu d'homme en place un peu célèbre qui ne leur ait dû en grande partie sa réputation ; qu'on ne citerait peut-être pas un rapport, un mémoire, un préambule d'ordonnance dont la publication ait produit quelque sensation, qui ne soit leur ouvrage; » ce raisonnement ne saurait convaincre personne : tout le monde est intéressé à en nier l'évidence, même ceux qui pourraient en donner la preuve, et dont la délicatesse répugne à la fournir. Peut-être trouverait-on aujourd'hui, en cherchant bien, deux hommes qui sont parvenus à triompher d'un préjugé si favorable à l'ignorance; mais je ne sais s'il faut en faire honneur à leur talent ou à leur caractère.

Pour continuer, comme je l'ai fait jusqu'ici, à me rendre compte des objets qui m'occupent, en me les figurant sous des images matérielles que j'offre comme des types, et non comme des modèles, je terminerai ce Discours par l'esquisse de trois portraits de fantaisie dont chacun me semble caractériser une des trois classes dans lesquelles on peut, je crois, ranger (d'une manière très-inégale quant au nombre) tous les gens de lettres actuels.

Chrysante s'est convaincu, de bonne heure, de l'extrême difficulté qu'éprouvait le mérite à percer l'obscurité où il se trouve, et (comme dit si bien La Bruyère) *à se mettre au niveau d'un fat en crédit*. Après s'être bien assuré qu'il avait tout juste assez de talent pour faire croire qu'il en avait davantage, il a mis tout son esprit à se faire jour dans la foule dorée des sots dont il est devenu l'oracle. Placé sur un terrain glissant où le moindre faux pas est une lourde chute, il s'est servi de la littérature comme on se sert d'un balancier pour marcher sur la corde, et il a fini par prendre assez d'aplomb pour se passer d'un pareil secours.

Chrysante a des idées positives ; il estime la gloire ce qu'elle rapporte, et l'or ce qu'il vaut : tout ce qu'il perd en renommée, il le gagne en considération : après tout, il ne vole que la postérité, et peut-être le tort qu'il lui fait est-il moins grand qu'on ne pense.

Timon a pris au sens positif l'expression figurée de *république des lettres* : fier d'une indépendance qu'on songe d'autant moins à lui contester qu'il en jouit avec plus de réserve, il ne reconnaît pas, même en fait de goût et de morale, l'autorité de cette opinion publique qu'on nomme *la reine du monde*, et qui n'est le plus souvent que la *folle du logis* ; il se croit libre, parce qu'il est sans besoins, sans passions, sans préjugés, et par conséquent sans maîtres. Il a pour maxime :

Fais le bien, suis les lois, et ne crains que Dieu seul.

Timon a les défauts de ses qualités : il ne compose pas d'assez bonne grâce avec les préjugés de son siècle et les devoirs de sa position ; il ne convient pas que l'*or pur de la vérité ait besoin d'un peu d'alliage pour être mis en œuvre*. Il aime les hommes et ne les estime pas. Ce sentiment est tout juste l'inverse de celui qu'on lui porte.

Rien ne ressemble moins à Timon que Ménophile : la seule prérogative de l'homme de lettres à laquelle il tienne, est celle qui lui donne accès dans le palais des grands ; tout le mérite d'un ouvrage est pour lui dans la dédicace ; sans avoir rien écrit il s'est fait la réputation d'un écrivain ; une sorte de délicatesse dans l'esprit, de recherche dans l'expression, de sévérité dans le goût, lui tient lieu de talent et de savoir. Habile à couvrir son élégante nullité des apparences de la méditation, on va jusqu'à lui tenir compte du dédain silencieux où il se renferme le plus souvent par prudence. Ménophile s'est fait un grand nombre de partisans ; car les hommes de lettres les plus intimement liés entr'eux ne sont pas ceux qui ont les mêmes amis, mais ceux qui ont les mêmes rivaux. Pour cesser d'être sa dupe, il suffit d'en approcher : il en est de Ménophile comme de ces figures d'optique qui font illusion quand on les regarde à certaine distance, et qui n'ont plus de forme quand on les voit de trop près.

N° XLIV. — 25 *avril* 1816.

TUER LE TEMS.

...*Hominum genus incessùm frustràque laborat*
Semper, et in curis consumit inanibus œvum :
Nimirum quia non cognovit quis sit habendi
Finis, et omnino quod crescat vera voluptas.

Lucrèce, liv. v.

L'homme s'agite incessamment, sans objet et sans but ; toute sa vie se passe en vaines inquiétudes, parce qu'il ne sait point mettre de bornes à ses désirs, et qu'il ne s'arrête pas aux véritables jouissances.

Il y a dans la langue une locution devenue proverbiale à force d'avoir été employée, qui ne m'en paraît pas moins avoir le double inconvénient d'exprimer une idée fausse par une image ridicule. Je n'entends parler que de *tuer le tems* ; c'est un meurtre que beaucoup de gens méditent, mais que personne n'exécute, et, dans ce complot d'une espèce toute particulière, la victime finit toujours par être l'assassin. Le tems est une hydre dont les têtes innombrables renaissent sous la massue d'Hercule ; ou, pour me servir d'une comparaison plus juste, que je ne suis pas sûr d'avoir trouvée le premier, le tems ressemble à cette plante animale que l'on nomme *polype :* coupez-la en autant de morceaux qu'il vous plaira, chaque partie n'en sera pas moins un tout, et le corps principal n'en restera pas moins complet. Il en est de même du tems : vous en ôtez des jours, des mois, des années ; de nouveaux jours, de nouveaux mois, de nouvelles années reparaissent, et le tems n'a rien perdu. Relativement à l'homme, le tems est immortel. N'établissons donc pas de lutte avec cet athlète invulnérable : au lieu de le perdre, en cherchant à le tuer, pourquoi ne pas s'en faire un ami ? Pourquoi ne pas le mettre de moitié dans nos projets et dans nos espérances ? Ce n'est jamais à l'homme laborieux et occupé que le tems déclare la guerre ; il craindrait d'acheter trop cher la victoire : c'est contre l'homme oisif et dissipé, que l'indolence et le luxe ont mis hors d'état de se défendre, qu'il dirige constamment ses attaques.

S'il est une chose bien prouvée au monde,

c'est que l'homme est né pour agir : le sort vous a-t-il placé au-dessus des besoins et des travaux journaliers auxquels la nature assujétit l'espèce humaine, cultivez votre ame, éclairez votre esprit, créez-vous de nobles occupations, employez le tems à vous rendre meilleur, et conséquemment plus heureux ; vous ne vous plaindrez plus qu'il vous opprime ; vous en sentirez le prix, et ne lui reprocherez plus que la rapidité de sa course.

Le tems n'est jamais neutre : s'il n'est pour nous un ami utile, il devient un ennemi redoutable ; dans ce cas même, disons-nous bien que c'est un ennemi avec lequel il faut vivre, puisqu'on ne lui échappe que par la mort......

J'en étais là de mes réflexions sur ce grave sujet, lorsqu'un M. de Gréville, que je n'avais pas revu depuis le dîner que nous avons fait ensemble dans une *Pension Bourgeoise*, * entra chez moi malgré la précaution que j'avais prise de faire fermer ma porte: Sa visite, dans un moment où je m'étais arrangé pour être seul, ne m'était rien moins qu'agréable ; et comme

* Voyez le n° XXI du 1er volume de *l'Hermite de la Guiane*, page 265.

je m'aperçus qu'elle était sans but et sans motif, je crus y mettre un terme en répétant avec affectation que j'étais pressé par le travail, et que je n'avais pas une minute à perdre. « Vous êtes bien heureux, me dit-il ; moi, j'ai, de fondation, cinq ou six heures dans la journée au service du premier venu. — Vous ne faites pas valoir vos présens. — Non, ma foi ; je donne les choses pour ce qu'elles valent. — Et moi, pour ce qu'elles coûtent : je ne livre aucun de mes momens sans en recevoir la valeur. — Raison de plus pour en avoir de reste. — Mais non pas pour les perdre, répondis-je un peu brusquement, et en trempant ma plume dans mon écritoire comme si j'eusse voulu continuer à écrire. — Je vous devine, mon cher Hermite (reprit M. de Gréville en souriant) ; mais j'entends mieux vos intérêts que vous-même : l'impatience que je vous cause en ce moment, et que vous manifestez d'une manière un peu caraïbe, trouvera sa place dans votre *Discours*, dont je lis le titre en gros caractère sur la feuille de papier placée devant vous : c'est un petit épisode dont vous pourrez tirer parti. »

La finesse de cette observation me fit sourire

à mon tour, et je vis que je pouvais gagner le tems que cet aimable désœuvré venait perdre avec moi.

« Je vous préviens en ami, me dit-il, qu'il n'est pas un de vos lecteurs qui ne sache, comme moi, tout ce que vous pouvez dire de beau, de vrai, et d'inutile sur la perte du tems. C'est une question bien simple que la morale embrouille. Il y a deux manières d'employer le tems : travailler et s'amuser; il n'y en a qu'une de le perdre, c'est de s'ennuyer. On travaille quand il le faut; on s'amuse quand on peut; mais on s'ennuie par tempérament, par caractère; c'est un vice de conformation. Travaillez, vous dit-on, amusez-vous, vous ne vous ennuierez pas; c'est comme si l'on me disait, Portez-vous bien, vous ne serez pas malade. Je m'ennuie, justement parce que je ne puis ni souffrir le travail, ni trouver le plaisir; je tue le tems, parce que je ne sais qu'en faire. — Ce ne sont point les conséquences, c'est le principe de votre raisonnement que j'attaque : l'ennui n'est point un vice de conformation; c'est une maladie de l'ame, née du dégoût et de la satiété des plaisirs. On en peut guérir, comme de toute espèce

de réplétion, par l'abstinence. Vous avez fort bien dit qu'il n'y avait que deux moyens d'employer le tems, le travail et le plaisir; mais j'ai bien peur que vous ne restreigniez la valeur de ces deux mots au travail des mains et aux plaisirs des sens. En partant de cette acception, peut-être auriez-vous raison de dire que l'ennui qui naît de leur privation est incurable; mais le cœur et l'esprit ont leurs occupations, leurs voluptés, qui se renouvellent, qui se modifient avec l'âge, et qui assignent une valeur positive à chacune des minutes de la vie. Je ne nie point que l'ennui ne soit un mal, un mal très-réel; mais je pense qu'on peut en guérir sans avoir recours au suicide, et c'en est un véritable que de tuer le tems, quoi que vous en puissiez dire.
— Je sais que les médecins consultés par M. le duc de Brancas-Lauraguais, pour Mlle Arnould, ont autrefois déclaré qu'on pouvait faire périr quelqu'un d'ennui; mais ils n'ont pas dit qu'on en mourût soi-même. D'après leur décision, par exemple, ma visite pourrait fort bien mettre votre vie en danger ; mais je suis si sûr de ne m'en porter que mieux, que je la prolongerais volontiers, au risque de tout ce qui pourrait en

résulter pour vous. Ne vous effrayez pourtant pas, ajouta-t-il en se levant, je vais porter mon ennui à des gens qui sont en fonds pour me le rendre, et chez lesquels je vous inviterais à m'accompagner, si vous étiez plus curieux de recueillir des faits que d'aligner des sentences. — Je vous prends au mot, lui répondis-je, à condition que vous ne m'attraperez pas une seconde fois, en m'annonçant de l'ennui, et en ne me procurant que du plaisir. — Venez ! venez ! si vous vous amusez cette fois, ce ne sera pas ma faute. »

Je sortis avec M. de Gréville ; nous montâmes dans son cabriolet, et il me conduisit au haut de la rue Blanche, chez un de ses amis, dont il eut beaucoup de peine à se rappeler le nom. « Vous allez voir, me dit-il, un homme qui n'a rien à faire, rien à dire, rien à penser, et qui s'acquitte de tout cela à merveille. » Nous traversâmes la cour et le vestibule, et nous trouvâmes dans le jardin, au milieu d'un vaste parterre, un petit homme de quatre pieds et demi debout, assis sur un tabouret, une loupe à la main, et s'occupant à contempler des œillets et des tulipes. Après les premiers complimens, je félicitai M. Despolières (j'avais appris son nom) sur le goût qu'il me paraissait avoir pour la botanique. « Je ne me mêle pas de botanique, me dit-il ; je m'amuse à regarder ces fleurs que j'ai fait venir de Hollande à grands frais. On m'assure que j'en ai la passion, et je les admire avec mon jardinier pendant deux ou trois heures tous les matins ; *c'est toujours autant de pris sur la journée.* »

Pour me tenir en haleine, je hasardai sur l'emploi du tems quelques réflexions, que mon homme écoutait, ou plutôt n'écoutait pas, en regardant alternativement ses fleurs et sa montre. Une cloche se fit entendre. « Grâce au Ciel, il est onze heures, dit-il en se levant, je vais déjeûner. — Le grand air vous a donné de l'appétit, à ce qu'il me semble ? lui demanda Gréville. — Non, reprit-il, je n'ai jamais faim ; mais je me mets à table quatre fois par jour ; j'y reste long-tems, et *c'est autant de pris sur la journée.* »

M. Depolières avait assez pris sur la mienne ; nous le laissâmes déjeûner seul, et nous nous rendîmes chez un M. Labaune, dont le caractère et la conduite mériteraient un article à part. C'est un homme qui a perdu le premier quart d'heure de sa vie, et qui passe le reste à courir après. De tous les verbes de la langue, il ne sait conjuguer que le futur, et son existence est un long projet. « Vous me prévenez, dit-il à Gréville ; j'aurais été vous voir dans la semaine pour en avoir le plaisir d'abord, et puis pour vous parler d'une affaire importante. — Je suis flatté de vous avoir évité la peine de passer chez moi ; l'Hermite, que j'ai l'honneur de vous présenter, est un homme sans façon ; il va prendre un livre, tandis que nous causerons ensemble...... »

M. Labaune se hâta de me tranquilliser sur la crainte que je témoignais d'être importun. « C'est moi, dit-il, qui ai des excuses à vous faire ; j'allais sortir, Messieurs, lorsque vous êtes entrés ; on m'attend dans une maison où je devrais être depuis une heure...... — Nous ne vous arrêtons pas, reprit Gréville. — Il m'en coûte d'autant plus de vous quitter, continua le maître de la maison en faisant vingt fois le tour de sa chambre d'un air affairé, que je ne trouverai certainement plus la personne chez laquelle je cours en toute hâte, et qu'elle sera cause que je manquerai ma journée tout entière. Je ne connais rien de pis que ces gens exacts qui ont toujours l'œil sur l'horloge, et qui comptent le tems pour quelque chose. — C'est qu'ils s'imaginent peut-être, lui répondis-je, que la vie en est faite ? — Convenons d'un jour pour nous revoir, lui dit en sortant Gréville. — Oui, sans doute, nous en conviendrons, » reprit-il en lui serrant la main; et il nous quitta.

« Voilà un homme qu'on n'accusera pas de tuer le tems, dis-je à mon conducteur en remontant en voiture; il ne saurait où le prendre. — Il ne sait pas même s'il existe; on en peut juger à l'étonnement qu'il témoigne chaque fois qu'il est forcé d'en reconnaître les traces. Aura-t-il remarqué un rosier chargé de fleurs, il sera tout surpris, trois semaines après, de les revoir fanées. Dernièrement, je me trouvais chez lui au moment où il revoyait, après une absence de dix-huit ans, un neveu qu'il avait quitté au berceau; peut s'en fallut qu'il ne refusât de le reconnaître : il ne concevait pas qu'un enfant pût devenir un homme. »

En discourant sur cet original, nous arrivâmes chez une dame de Breffort, cousine de

M. de Gréville. Il était près d'une heure. Elle était encore au lit. On nous fit entrer. Je voulus excuser l'inconvenance de ma visite. « Gréville a très-bien fait de vous amener chez moi, me dit-elle ; je l'en avais prié. Votre livre m'a fait passer quelques heures, et c'est un service que je n'oublie jamais. Le tems est si long, qu'on doit savoir gré à qui nous en débarrasse... — Sans doute, répondis-je, lorsqu'on n'a ni mari, ni enfans.... — Comment, ni mari, ni enfans ?..... J'ai de tout cela, Monsieur, autant qu'on en peut avoir. — Dans ce cas, j'aurais pensé qu'au milieu des soins et des plaisirs d'une grande famille les jours devaient être pour vous bien faciles à remplir. — Mon mari a ses affaires ; je ne le vois presque jamais. Les enfans ont une gouvernante, des maîtres de toute espèce ; je n'épargne rien pour leur éducation ; je les aime beaucoup ; mais tout cela est bientôt fait ; et sans les romans, le jeu, la médisance et les marchandes de modes, je ne sais vraiment pas, avec nos cent mille livres de rente, à quoi nous autres pauvres femmes nous pourrions passer nos journées. — Vous avez bien encore quelques autres ressources ? — Lesquelles, s'il vous plaît? — Voulez-vous me permettre, Madame, de vous répondre par des vers assez peu connus qui me reviennent en mémoire ? — S'ils sont bons, je serai sûre qu'ils ne sont pas nouveaux.

» —Observer l'effet d'un pompon
Et méconnaître un caractère,
Applaudir un joli sermon
Et réformer le ministère,
Rire d'un projet salutaire
Et s'occuper d'une chanson,
Immoler les mœurs aux manières
Et le bon sens à des bons mots ;
Dire gravement des misères
Et plaisanter sur des fléaux ;
Siffler l'air simple d'un héros
Et chérir des têtes légères ;
Se flétrir dans la volupté,
S'ennuyer d'un air de gaîté,
N'avoir de l'esprit qu'en saillie ;
Paraître poli par fierté,
Perfide par galanterie ;
Médire par oisiveté,
Quelquefois par méchanceté,
Plus souvent par coquetterie ;
Quitter Cléon par fantaisie,
Aimer un duc par vanité,
Un jeune fat par jalousie,
Tel est ce monde tant vanté ;
Telle est la bonne compagnie. »

.... Le tems me presse et l'espace me manque : peut-être trouverai-je dans un autre Discours l'occasion de reprendre mon entretien avec cette dame, et de passer en revue les différentes manières de *tuer le tems* à Paris, dans le grand monde, où s'ourdissent contre lui les plus vastes et les plus vaines conspirations.

N° XLV. — 2 *mai* 1816.

L'HOMME INSUPPORTABLE.

> Avec des talens, de l'esprit et des vertus, on se rend insupportable dans la société par des défauts légers, mais qui se font sentir à tout moment.
>
> VOLTAIRE.

COMME j'entrais hier, vers deux heures, chez Mme de Lorys, elle disait à son portier, qu'elle avait fait monter : « Ne vous avais-je pas dit, Martinet, de mettre sur la liste des personnes que je ne reçois pas le matin, M. de Volsange ? — Pardonnez-moi, Madame. — Il est monté cependant ? — Ce n'est pas ma faute. Je lui ai dit, comme de raison, que Madame n'était pas au logis. « Propos de suisse, m'a-t-il répondu sans s'arrêter ; on y est toujours pour moi ». — Allez, Martinet ; une autre fois il vous croira. »

« Quel est, dis-je à Mme de Lorys, ce Monsieur de Volsange que vous consignez si inhumainement ? — C'est un homme de qualité, plein d'esprit, de talent, et, qui plus est, de vertus. — C'est donc pour ne pas humilier les autres que vous éloignez celui-ci? — Non; c'est qu'il a un défaut qui détruit toutes ses bonnes qualités : il est insupportable. — Avec des vertus, des talens et de l'esprit ? Dans toute autre bouche que la vôtre, Madame, un pareil reproche ne ferait pas la satire de celui à qui il s'adresse. — Dans l'espèce de solitude où vous avez vécu, mon cher Hermite, vous vous êtes occupé à peser les hommes un à un ; vous ne cherchez en eux qu'une valeur intrinsèque, et vous faites peut-être trop peu de cas de ce qu'on peut appeler *leur vertu relative*. Tout sauvage que vous avez été, ou peut-être parce que vous l'avez été, vous convenez de bonne foi que l'homme né avec le germe des qualités sociales ne peut trouver que dans l'état de société tout le bonheur dont sa condition est susceptible. La nature n'y conserve de ses droits que ceux qui peuvent se mettre en commun et s'accorder avec les devoirs que la société impose. Voulez-vous être heureux, je veux l'être aussi ; nous le voulons tous, et cette volonté commune nous rend insupportable celui que nous trouvons toujours armé, fût-ce même de ses vertus, contre notre amour-propre et nos plaisirs. — Voilà, Madame, une définition de l'homme *insupportable* qui figurerait à merveille dans un chapitre de Condillac, mais d'après laquelle, en juge impartial, j'hésiterais encore s'il fallait prononcer entre lui et ses accusateurs, toujours en supposant que vous ne fussiez pas du nombre. — Un portrait fidèle vous ramènera plus sûrement à notre avis, qu'une discussion métaphysique où vous auriez sur moi trop d'avantage.

» M. de Volsange, que la nature semble avoir mis tout exprès au monde pour y être incommode, trouve dans ses avantages mêmes un moyen de remplir sa destination. Sa taille, démesurément grande, rapetisse tout ce qui l'entoure; et il serait plus facile à une femme de se pendre à son bras que de s'y appuyer. Ses traits ne manquent ni de régularité, ni de noblesse; mais chacun est si invariablement attaché à la place qu'il occupe dans sa figure, que la joie ou les chagrins des autres n'y produisent jamais la plus légère altération. Il vous suit des yeux, et jamais de la pensée; c'est un portrait qui vous regarde sans vous voir. Loin qu'on puisse lui reprocher d'être fier du beau nom qu'il porte, il a pour maxime habituelle « que tout homme est fils de ses œuvres; » il répète à qui veut l'entendre qu'il est plus glorieux du moindre talent qu'il s'est donné que de la naissance qu'il a reçue. Ce texte éminemment philosophique, qu'il brode à tout propos, et principalement en présence de ceux qui sont plus personnellement intéressés à défendre la seule prérogative qu'ils possèdent, n'est certainement pas fait pour lui concilier leur bienveillance; aussi disent-ils, avec quelque raison, qu'il a au plus haut degré l'orgueil de n'être pas orgueilleux.

» A cet égard sa modestie est telle, qu'il n'a pas dédaigné, après la mort de sa première femme, de rendre hommage aux attraits et aux vertus de sa femme-de-chambre; et comme celle-ci a eu la sagesse ou la prudence de ne point écouter les offres un peu moins honorables qu'il avait d'abord hasardées, il a cru devoir épouser cette Paméla, pour que sa vertu ne restât point sans récompense.

» L'ostentation avec laquelle il a bravé un de ces préjugés utiles, dont l'oubli total aurait pour la société de si funestes conséquences, l'a mis dans une position tout-à-fait fausse, dans le grand monde où il tient à vivre : il a fait de vains efforts pour y présenter sa femme, et j'ai tout lieu de croire que ce dédain, dont il aurait dû la venger, a fini par influer sur leur bonheur domestique.

» Il y a deux manières de se rendre insupportable : par des défauts qui tiennent au caractère ; par des inconvéniens qui résultent des habitudes. Volsange les réunit : par suite de ce même orgueil, ou de cette même modestie dont je parlais tout-à-l'heure, il veut toujours traiter d'égal à égal avec ses supérieurs comme avec ses inférieurs ; ce qui lui donne, auprès des uns et des autres, une attitude à-la-fois gênante et gênée, dont on cherche, en l'évitant, à lui épargner la fatigue.

» La sincérité est sans doute une aimable vertu ; Volsange a trouvé le moyen d'en faire quelque chose de pis qu'un vice. Sans méchanceté, sans impolitesse, il est aux petits soins pour dire à chacun ce qui peut lui déplaire davantage. Se trouve-t-il avec une femme assez belle encore pour faire illusion sur son âge, il emploiera tout ce qu'il a d'esprit à la consoler sur l'apparition d'un cheveu blanc qu'il a découvert sur sa tête, à lui rappeler une époque éloignée qui équivaut à un extrait de baptême. La dernière fois que nous nous trouvâmes ensemble chez ma nièce, où il dînait avec un académicien élu de la veille, et très-heureux de l'être, il n'eut point de cesse qu'il ne lui eût prouvé, le plus honnêtement du monde, que les honneurs académiques étaient presque toujours le partage de ceux qui les méritent le moins. Il croirait flatter les vices, ou adopter les erreurs de ceux à qui il parle, s'il ne leur en faisait, au moins indirectement, le reproche. Incapable de perdre l'occasion de dire ce qu'il croit la vérité, il ne sera jamais arrêté par la crainte de blesser un ami ou de se faire un ennemi mortel. Sans mesure dans l'éloge comme dans la critique, et toujours d'aussi bonne foi, il louera un homme en face de manière à le faire rougir, et le déclarera sans rival en présence de tous ses rivaux.

» S'il arrive que l'on qualifie d'*insociabilité* cette franchise désobligeante, il ne manque pas de répondre qu'il la préfère au commerce de faussetés que s'imposent les uns, et au silence stupide dans lequel se renferment les autres. Ce serait en vain qu'on essaierait de lui prouver qu'il y a, entre ces différens excès, un terme moyen ; que l'indulgence réciproque fait partie des devoirs relatifs des hommes en société ; qu'il faut y savoir capituler avec l'ignorance, la sottise et l'amour-propre, comme avec un ennemi supérieur en nombre ; il se tairait alors, et son silence ne serait pas moins désobligeant que ses paroles.

» Un des travers les plus insupportables de Volsange, c'est de croire qu'il n'y a de jolies femmes que celles à qui il a fait la cour, et d'événemens importans que ceux dans lesquels il a figuré. Sa liaison avec Mme de *** et ses *motions* à l'assemblée constitutionnelle dont il était membre, sont les sujets intarissables de sa conversation. Il y revient sans cesse, et, à quelque distance que vous le rejetiez, au moyen d'une douzaine de transitions qu'il s'est faites, il se replace bientôt sur son terrain. On lui pardonnerait peut-être ce monopole de la conversation, qu'il n'exerce pas sans talent, s'il y employait des formes plus variées et moins tranchantes :

mais il pérore d'un ton aussi magistral ; au lieu de vous dire une chose toute simple, il vous la *déclare si solennellement*, qu'il vous donne toujours l'envie d'être d'un autre avis que le sien, lors même que cet avis est le vôtre. Consent-il à vous faire une question, vous croyez pouvoir répondre ; mais il vous arrête à chaque mot pour en avoir l'explication, et triomphe de l'impatience qu'il vous cause. Si quelqu'un, à table, profitant de l'extinction de voix auquel il est heureusement sujet, parvient à fixer, par quelque récit intéressant, l'attention de la compagnie, il trouvera vingt moyens de la détourner, en parlant bas à ses voisins, et offrant à tous les convives l'un après l'autre un mets qu'il a devant lui et dont personne ne veut; il incidentera sur des noms propres, sur des dates, ou déjouera le narrateur, en émoussant le trait de son discours, ou en annonçant d'avance le dénouement de l'aventure qu'il raconte.

» Les défauts essentiels du caractère de M. de Volsange ne contribuent cependant pas autant à le rendre insupportable, qu'une foule de petits inconvéniens qu'il apporte dans le commerce de la vie habituelle, et dont chacun a sa part.

Demandez à *Cécile* pourquoi elle ne peut le souffrir; elle vous dira qu'il vient toujours la prier à danser, et qu'il brouille toutes les contredanses, dont il ne sait pas une figure. Vrai fléau de concert, il ne manque jamais de saisir le moment où l'oreille est le plus agréablement captivée pour ouvrir une porte, ou pour se promener dans le salon, en faisant crier le parquet sous ses pas. Vous avez consenti à lui donner une place dans votre loge, au théâtre; attendez-vous à ne pouvoir rien écouter. Une scène vous intéresse; il vous prouve qu'elle n'a pas le sens commun. Talma vous fait frissonner, Mlle Mars vous enchante, Mme Branchu vous ravit; il vous cite Lekain, Mlle Contat, Mme Saint-Huberti. L'émotion de la jeune personne près de laquelle il est assis va jusqu'aux larmes; il s'occupe à détruire cette douce illusion, et la fait rougir de son attendrissement, en se moquant de l'objet qui l'excite. Pendant tout le tems du spectacle il vous bourdonne à l'oreille les vers que l'on va dire, ou fredonne dans un autre ton l'air que l'on chante.

» Volsange est, à tous égards, un homme de bonne compagnie; néanmoins il a contracté des habitudes que l'on y réprouve avec raison. Il affecte de parler une langue étrangère devant des femmes qui ne l'entendent point. A table, il pérore en gesticulant, la cuiller ou la fourchette à la main, et il est rare qu'il ne laisse pas quelques traces de son discours sur les habits des personnes près desquelles il se trouve. Je connais quelques femmes qui l'ont pris dans une véritable aversion, parce qu'il prend du tabac en mangeant, et qu'il nettoie ses dents avec la pointe de son couteau.

» En faisant beaucoup de bien, M. de Volsange a trouvé le secret d'être insupportable à tous ceux qu'il oblige, et, plus d'une fois, de ranger les bons cœurs du côté de l'ingratitude. La publicité qu'il donne à vos besoins est toujours la condition du service qu'il vous rend, et dont rien ne peut vous acquitter ; il n'admet ni compensation, ni prescription pour la reconnaissance qu'il vous impose : à tout prendre, il vaut beaucoup mieux être son débiteur que son obligé.

» —Voilà, en effet, Madame, le portrait d'un homme bien incommode, et je conçois l'éloignement qu'il vous inspire. Mais je viens rarement chez vous sans y trouver un M. *de Nevilette*, généralement connu pour un homme d'un commerce très-peu sûr, d'un esprit dangereux, d'un cœur profondément corrompu, à qui l'on reproche, entr'autres peccadilles, d'avoir tué son meilleur ami en duel, d'avoir rendu très-malheureuse une femme charmante, d'avoir trahi lâchement son bienfaiteur; sa gaîté que l'on vante n'est au fond qu'un persifflage continuel, et le bon ton qu'il professe ne peut vous faire illusion sur ses vices. Cependant *Nevilette* est reçu, et Volsange est éconduit! — C'est que l'un n'est que méchant, et que l'autre est insupportable. »

N° XLVI. — 9 *mai* 1816.

LES NOIRCEURS.

Habent insidias hominis blanditiâ mali.
Phæd., fab. 21.

Les caresses des méchans couvrent toujours quelque perfidie.

Les trois quarts des hommes ne pensent pas, et les deux tiers du reste pensent par procuration, et règlent leurs opinions sur le préjugé de l'époque, ou sur le caprice du jour : cette triste vérité est plus sensible à Paris que partout ailleurs : il y existe une toise commune à laquelle on mesure tous les objets : il ne s'agit pas de savoir si telle chose est bonne ou mauvaise, si telle action est juste ou injuste, si tel écrit est utile ou dangereux, si tel homme est honnête ou méchant ; la chose, l'action, l'écrit, l'homme est-il ou n'est-il pas reçu ? Voilà ce dont on s'informe, et sur quoi se fondent les réputations dans tous les genres.

Rien de plus rare dans cette ville que de trouver un homme qui ait un caractère, une volonté, un jugement à lui, dont la conduite soit le résultat des principes qu'il s'est faits, dont les discours soient le fruit de ses propres réflexions : cette paresse ou ce défaut de réflexion qui décide tant de gens à se servir d'opinions et même de phrases toutes faites, est un des travers de l'espèce parisienne, sur lequel nous nous égayons le plus volontiers dans nos conférences du jeudi chez Mme de Lorys. Ce jour-là, cette dame réunit à la campagne quelques-uns de ses amis, qu'elle appelle *ses philosophes;* la porte est close pour tous les profanes; la matinée se passe le plus souvent en promenades instructives, auxquelles préside notre encyclopédiste en qualité de professeur d'agronomie et de botanique ; le soir, tandis que la dame châtelaine fait de la tapisserie, nous agitons quelque question de politique, de littérature ou de morale.

Jeudi dernier, nous avions remis sur le tapis ce M. de Nevilette dont il a été question à propos de M. de Volsange,* et Walker, dont

* Voyez le n° XLV (*L'Homme insupportable*).

il est un peu parent, nous le livrait de la meilleure grâce du monde. « C'est un homme, nous disait-il, qui se vante, comme Rhullières, de n'avoir fait qu'une *noirceur* dans sa vie, et auquel on peut adresser la question qu'on faisait à ce dernier : quand finira-t-elle ? — Ce mot de *noirceur*, interrompis-je, est un de ceux qui revient le plus souvent dans le langage du monde, et dont la signification ne présente pas encore à mon esprit une idée bien nette. A l'emploi le plus ordinaire qu'on en fait, à la manière dont les femmes sur-tout le prononcent, je suis quelquefois tenté de croire qu'il n'exprime qu'une espiéglerie, un tour d'adresse, un amusement de société ; mais vous m'obligez à lui chercher une toute autre signification, en l'appliquant aux méfaits d'un pareil homme. — Il ne s'agit que de lui rendre toute sa force étymologique, continua le philosophe André, et vous verrez, pour peu que Walker veuille nous citer quelques exemples à l'appui de sa définition, que ce mot peint assez bien l'ame du personnage. — J'en suis fâché, reprit Walker, pour certaine proposition que l'Hermite nous a souvent avancée comme un axiôme de morale, mais Nevilette, avec beaucoup d'esprit, est aussi méchant qu'un sot, et ce qui est encore plus affligeant à dire, il a réussi dans le monde sans la moindre hypocrisie, en faisant une guerre ouverte à la vertu, et en tirant vanité des triomphes qu'il a remportés sur elle.

» Je ne l'ai perdu de vue dans aucune situation de sa vie, depuis le collége où nous avons été ensemble, jusque dans la retraite mondaine où il vit aujourd'hui, et je puis attester qu'il s'est constamment signalé par des noirceurs qui ne lui ont pas valu moins de succès qu'elles ne lui ont attiré de haines. Je vous citerai à ce sujet quelques-unes des anecdotes qui reviennent à ma mémoire.

» Au collége de Navarre, où nous avons fait ensemble nos études, il avait toujours soin de se lier avec le plus fort de sa classe, qui lui faisait ou lui corrigeait ses devoirs ; il s'assurait ainsi, sans travailler, la seconde ou la troisième place dans les compositions hebdomadaires ; ce n'était là qu'une ruse innocente ; il trouva l'occasion d'en faire une véritable noirceur : un premier prix au concours général, à l'université, était pour l'écolier qui le remportait une source d'honneurs, et quelquefois un commencement de fortune. Nevilette, qui n'y voyait qu'un premier moyen de faire parler de lui, se mit en tête non de le mériter, mais de l'obtenir. Parvenu en troisième, il avait pour *ami de cœur* un jeune boursier, nommé Mala, dont la supériorité en version latine était si généralement reconnue que personne ne doutait qu'il n'obtînt le premier prix d'emblée. Mala concourut pour deux ; mais, en servant son ami, il ne voulait pas, comme on peut croire, nuire à ses propres intérêts, et dans cette lutte contre lui-même il s'était ménagé l'avantage : Nevilette, par une perfidie dans les détails de laquelle il serait fastidieux d'entrer, trouva moyen, en prenant connaissance de la copie de Mala, d'y glisser d'un trait de plume quelques fautes grossières qui lui assurèrent le prix sur son trop généreux rival. Il raconte de la manière du monde la plus plaisante ce qu'il appelle la *déconvenue du boursier*.

» En sortant du collége, il entra sous-lieutenant dans un régiment de cavalerie, où il fut nommé capitaine trois mois après *par rang d'ancienneté*. Ce fut encore à son industrie qu'il fut redevable de cet avancement rapide. La révolution était commencée, et l'esprit d'insubordination se manifestait parmi les troupes ; le régiment auquel Nevilette appartenait était en garnison dans une place frontière du nord ; les officiers réunis dans un repas de corps délibérèrent sur la question qui partageait alors la noblesse : Prendra-t-on le parti d'émigrer ? restera-t-on sous les drapeaux ? Les avis n'étaient rien moins qu'unanimes ; Nevilette prit la parole, et, quoiqu'un des plus jeunes, il parla en faveur de l'émigration avec tant de chaleur, avec une éloquence si chevaleresque, qu'il décida la résolution que l'on prit de partir le lendemain matin aux portes ouvrantes. On s'était donné rendez-vous au premier village au-delà de la frontière ; tout le monde s'y trouva, excepté Nevilette, qui crut devoir rester pour instruire le commandant de la place d'une désertion qui lui valut une compagnie.

» Peu d'aventures galantes ont fait plus de bruit que sa liaison avec Mme de Valménil. Elle était encore demoiselle lorsqu'il en devint amoureux : le peu d'estime que la famille de cette jeune personne avait pour lui ne l'empêcha pas de la demander en mariage : « Je ne viens pas, dit-il cavalièrement au père, vous demander le cœur de Mlle votre fille, dont elle a bien voulu payer ma tendresse ; mais puisque vous disposez légalement de sa main, j'ose croire que vous m'en trouverez digne. » Le père se contenta de lui répondre qu'en vertu de ce droit paternel qu'il voulait bien reconnaître, sa fille était promise à M. de Valménil, qui devait l'épouser dans deux jours. « Un honneur différé n'est pas un honneur perdu (reprit Nevilette d'un air ricaneur); j'aurai, n'en doutez pas, l'honneur d'être votre gendre. » La jeune personne épousa le chef d'escadron Valménil, lequel, six mois après, à son grand regret, fut nommé à un régiment destiné à faire partie de l'expédition de Saint-Domingue : il fut tué dans cette campagne désastreuse, et sa veuve n'attendit pas la fin de son deuil pour acquitter la promesse que son amant avait faite à son père ; elle devint la femme de Nevilette. Quand vous voudrez, Messieurs, il vous racontera lui-même quels ressorts il a fait jouer pour arriver à son but en procurant à son rival un avancement dont il avait très-habilement calculé les chances. Je ne répéterai pas avec tout Paris qu'il a fait mourir de chagrin une épouse charmante, dont le seul tort bien cruellement expié est d'avoir conçu pour un pareil homme une passion fatale, qu'elle a payée de sa réputation, de son bonheur et de sa vie.

» Nevilette a joué, pendant quelque tems, un rôle à la cour; et dans ce pays, où les noirceurs sont si communes, il a trouvé le secret d'étonner les plus habiles : comme toutes ces aventures sont encore *palpitantes de l'intérêt du moment*, et que d'ailleurs il ne suffit pas d'un fil pour se conduire dans un pareil labyrinthe, je n'y suivrai pas ce nouveau Thésée, qui s'est lancé depuis dans la carrière des lettres.

» A toute autre époque, le défaut d'instruction lui en eût interdit l'entrée ; mais avec quelque chose qui ressemble à de l'esprit, avec une mémoire perfide et un fonds inépuisable de méchanceté, il pouvait prétendre comme un autre aux honneurs du pamphlet, et à la gloire de la dénonciation anonyme. Nevilette débuta par un coup de maître, en publiant sous le nom d'un absent une biographie de personnages vivans, dans laquelle figurent de la manière la plus *plaisante* (pour me servir de ses expressions) les hommes d'une conduite irréprochable, du mérite et du talent le plus généralement reconnus, les femmes les plus dignes d'estime ; les articles les *plus gais* sont consacrés à ses connaissances, à ses amis et à ses parens. Mais comme cette *noirceur* passait un peu les bornes qu'on y met, il a pris la sage précaution (pour dérouter ceux qui ne le connaissent pas comme moi *intus et in cute*) de se montrer blessé lui-même au milieu des gens qu'il immole.

» — Voilà, je vous l'avoue, un abominable homme ! reprit l'ami Binome ; mais il n'a pas le privilége exclusif des *noirceurs*, et je pourrais vous citer à mon tour telles personnes que vous accueillez avec distinction, et qui, sur ce point, ne seraient pas de beaucoup en reste avec lui ; entr'autres (sans vous les nommer autrement que par leurs actions) cette coquette à-peu-près surannée qui vient de faire épouser sa fille à son amant invalide ; ce grand seigneur, notre voisin de campagne, qui a jadis emprunté une si forte somme à cet honnête bourgeois auquel il nie aujourd'hui sa dette, pour donner *à ces petites gens* une leçon dont il est à craindre qu'ils ne profitent trop bien ; cet homme, au maintien si doux, qui s'est cru obligé, en conscience, de trahir le secret d'un ami pour obtenir sa place ; cet honnête neveu, qui se donne tant de peine pour faire interdire une tante qui lui servit de mère, et de la fortune de laquelle il veut hériter de son vivant ; cet honnête écrivain qui loue emphatiquement son maître et son bienfaiteur dans un journal où il travaille sous son nom, et qui le déchire et le dénonce dans une autre feuille où il fait insérer ses articles anonymes.........

» — Maintenant, dis-je à ces messieurs, je sais à quoi m'en tenir sur la véritable signification du mot *noirceur*, et je vois que sous ce titre on peut faire l'histoire de tous les vices qui déshonorent l'espèce humaine. — Voire même, ajouta le philosophe André, celle de tous les crimes exécutés avec ces formes polies, avec ces précautions délicates, qui les soustraient à l'examen des tribunaux et à la justice des lois.

N° XLVII. — 16 *mai* 1816.

LA MÈRE RADIG.

His nam plebecula gaudet.

Ce lieu est le rendez-vous de la populace.

En embrassant d'un coup-d'œil l'ensemble physique et moral de cette grande ville, on serait tenté de croire qu'il est le résultat d'une gageure entre quelques-uns de ces génies cabalistiques qui présidaient, dit-on, à la formation des cités, et dont l'un aurait fait le pari de réunir, dans une enceinte de sept lieues, toutes les incohérences, toutes les contradictions, tous les extrêmes, en bien et en mal. Les objets n'y sont point réunis, ils ne sont qu'entassés. Les matières les plus précieuses et les plus viles, les formes les plus élégantes et les plus abjectes, les vices les plus odieux, les vertus les plus pures, les excès de la civilisation et de la barbarie, tout est là pêle-mêle; et pourtant rien ne se confond, par cela même peut-être que rien ne se convient. Cette remarque suffirait aux yeux de mes lecteurs pour justifier les fréquentes disparates qu'ils peuvent trouver dans mes Discours. Je vais par sauts et par bonds, parce que je cours sur un terrain inégal dont la nature et l'aspect changent à chaque pas. J'étais à l'instant dans le vallon, me voilà sur la hauteur; j'ai encore un pied dans un parterre, que l'autre est déjà dans un bourbier. Mon album à la main, je vais esquissant tout ce qui s'offre à ma vue, sans m'embarrasser de mettre plus d'ordre dans les copies que je n'en trouve dans les modèles.

Je n'ai point été, la semaine dernière, à la campagne : je voulais jouir, à Paris, du spectacle de la *fin du monde* qu'on nous avait annoncée pour jeudi sans remise. Comme cette représentation n'a pas eu lieu, je dois, avant de passer outre, tenir note de l'annonce qui en avait été faite sur la foi de quelques astrologues allemands. Ces Messieurs, après avoir braqué sur le soleil la grande lorgnette d'*Herschel*, avaient découvert sur son disque lumineux une nouvelle tache trois cents fois plus grande que la terre, en nombre rond. Bien que, depuis long-tems, on sache à-peu-près à quoi s'en tenir sur ces *macules*, qui ne sont rien autre chose que des exhalaisons solaires qui finissent par se dissoudre et par retourner au soleil dont elles émanent ; que, par compensation des *macules*, on ait depuis découvert des *facules*, autre espèce de taches plus brillantes que le corps même du soleil ; malgré tout cela, dis-je, la nouvelle tache observée, augmentée et commentée, n'en jeta pas moins l'alarme parmi ce troupeau de bipèdes qui craint pour son étable au moment d'entrer à la boucherie. Cette fois, on oublia de s'en prendre à *saint Médard*, et on mit sur le compte de la tache solaire les pluies continuelles, les débordemens de rivière et autres petits fléaux que l'on prit pour les avant-coureurs de la grande catastrophe. J'attendais l'événement avec un sang-froid dont il ne faut pourtant pas faire trop d'honneur à ma philosophie : à mon âge, on joue sur le velours ; on ne risque plus que la vie des autres.

Le fatal 18 juillet est passé ; le monde n'est pas encore fini ; les choses reprennent leur train accoutumé : l'ambitieux se tourmente, le jeune homme s'agite, le vieillard projette, et moi j'observe.

Quand *Zaméo* (qui venait me demander s'il fallait mettre le cheval à la cariole) apprit que nous n'irions pas cette semaine à la campagne, et que nous passerions pour la première fois un dimanche à Paris, je m'aperçus que cette nouvelle lui causait une joie très-vive. Je voulus en connaître la cause. « Maître Paul, me dit-il, c'est que nous avons fait la partie, avec Mlle *Françoise*, d'aller, un de ces jours, chez la mère *Radig*, et qu'elle aura bien plus de plaisir si je puis l'y mener dimanche. » J'entendais parler pour la première fois de la mère Radig et de Mlle Françoise. Je fis à Zaméo quelques questions sur ces deux dames ; j'appris que l'une (qu'il ne connaissait encore que de réputation) était une cabaretière de la Villette, et que l'autre était une petite frangère de Ménil-Montant, avec laquelle mon jokey sauvage s'était apprivoisé depuis quelques mois, à mon insu. Je me souvins d'avoir vu le nom de cette mère Radig cité dans les journaux, d'avoir entendu chanter dans les rues une ronde en son honneur. Je pris des informations auprès de mon ami Walker. Le portrait qu'il me fit de cette femme, la colère que lui causait l'odieuse célébrité du repaire qu'elle habite, excitèrent ma curiosité au lieu de l'éteindre, et quelque chose qu'il pût me dire pour m'en détourner, je voulus voir, par mes yeux, des objets pour lesquels il témoignait tant d'aversion. Je connaissais la délicatesse ou plutôt l'excessive susceptibilité de son goût, et j'avais eu plus d'une occasion de m'assurer qu'il en faisait trop souvent la règle de ses répugnances.

Pour laisser à Zaméo la disposition entière de sa soirée, j'avais été dîner seul dans une des caves du Palais-Royal (repaire d'un autre genre, où je me propose de conduire un jour mes lecteurs), et j'étais parvenu, en me promenant, entre deux averses, jusqu'à la barrière de la Villette, où, sans autre information, je suivis la foule qui se grossissait à mesure que nous approchions du cabaret de la mère Radig, dont le nom volait de bouche en bouche, escorté des plus étranges épithètes.

Quelque préparé que je fusse par les descriptions de Walker au spectacle qui m'attendait, j'étais aussi loin d'en soupçonner la turpitude, que je le suis d'en pouvoir donner l'idée.

La partie du faubourg de la Villette la plus voisine de Paris n'est guère composée que de guinguettes, d'auberges, de cabarets, tous plus ou moins remarquables, à l'extérieur, par un air de propreté et même d'élégance. Une seule masure, du plus misérable aspect, interrompt, du côté du canal, une file de maisons bien bâties. C'est là que nous nous arrêtâmes, devant l'enseigne de *la Providence*, que l'on a substituée à celle dont le dégoûtant emblême avait du moins le mérite d'une application très-convenable.

Après avoir franchi le rempart de fange dont ce bouge est environné, j'entrai dans une première salle, ou plutôt dans un premier cloaque, où cinquante personnes assises, et cent autres debout, s'agitaient, juraient, hurlaient au milieu d'une atsmosphère infecte, dont une épaisse fumée de tabac était le plus agréable correctif.

J'aurais voulu m'en tenir à ce premier coup-d'œil; mais, outre qu'il n'était plus en mon pouvoir de rétrograder, je ne pouvais oublier le but et l'objet principal de ma visite, vers lequel j'étais d'ailleurs emporté malgré moi par le flot de canaille dont j'étais obligé de suivre la direction.

J'arrive enfin dans ce qu'on appelle le *jardin*, c'est-à-dire dans un bourbier, aux deux côtés duquel sont dressées des tables de bois pourri qui ne peuvent contenir la dixième partie des buveurs qui se pressent autour. C'est à l'extrémité de cette cour, sous un dais formé de vieilles tapisseries, que siége, entre deux tonneaux, l'idole de ce temple impur, digne en tout point de ses adorateurs et du culte qu'ils lui rendent. Pour se faire une idée de l'état de dégradation où peut arriver la nature humaine, il faut avoir vu la mère Radig coiffée d'un sale bonnet de coton, le regard allumé de vin et d'impudence, la poitrine débraillée, les bras nus, distribuant à droite, à gauche, et tout à-la-fois, du vin, des injures et des soufflets; il faut avoir entendu les sons rauques de cette voix qui n'appartient à aucun sexe, et dont les expressions n'appartiennent à aucune langue; il faut avoir eu le courage d'observer quelques instans les commensaux d'une pareille maison, pour lesquels il faudrait créer les mots de *lie du peuple*, si l'usage ne les avait déjà consacrés. En m'en servant pour désigner particulièrement une espèce d'hommes et de femmes, rebut des dernières classes de la société, dont la plupart, sans aucun moyen avoué d'existence, passent leur vie dans la plus crapuleuse débauche, je ne crains pas que l'on m'accuse de vouloir jeter le mépris sur cette multitude d'honnêtes artisans qui viennent, après une semaine d'utiles travaux, chercher, même en ce lieu, un délassement dont on leur pardonne d'abuser quelquefois.

Je poursuivais le cours de mes observations, lorsque la mère Radig, m'avisant à quelques pas d'elle, m'offrit un des pots qu'elle venait de remplir. Je refusai le plus poliment qu'il me fut possible : « Eh ! dis donc, vieux roquentin, cria-t-elle, si tu ne veux pas boire, que viens-tu faire ici ? — Vous voir, répondis-je en riant. — Me prends-tu pour une bête curieuse ? » répliqua-t-elle. En même tems, elle me jeta à la figure le vin qu'elle m'avait offert. Son mouvement fut plus prompt que mesuré : la libation faite en mon honneur tomba tout entière sur un charbonnier qui, sans tenir compte à la dame de son intention, l'apostropha si vivement, qu'à un échange d'injures succéda presque aussitôt un échange de coups de poing, du voisinage desquels je jugeai à propos de me retirer. La lutte fut moins longue que violente; on fit cercle autour des athlètes, et l'on monta sur les tables pour jouir d'un combat dont l'honneur resta tout entier à la mère Radig. Je n'assistai point à son triomphe, où j'aurais craint de jouer un rôle, et je me retirai dans la grande salle, que l'on appellè le *Pavillon de Flore*. Boileau a beau dire qu'il n'est point

.... De monstres odieux
Qui, par l'art imités, puissent ne plaire aux yeux;

je craindrais, quelque soin que j'apportasse à ménager la délicatesse de mes lecteurs, de leur faire partager le dégoût qu'inspire un pareil lieu, en essayant de leur en retracer l'image. Il leur suffira de savoir que le Pavillon de Flore de la mère Radig est, au physique et au moral, la sentine incommode de tous les genres d'impuretés. Je ne fus pas étonné de n'y pas rencontrer *Zaméo* ; il est encore trop sauvage pour se plaire au sein de la corruption.

Un homme à figure humaine (qui me paraissait observer ce lieu d'un autre œil que moi), et à qui je demandai, en le lui dépeignant, s'il n'avait pas vu mon Caraïbe, m'apprit qu'il y était entré, mais qu'il en était presque aussitôt sorti en témoignant, ainsi que sa jeune compagne, par des gestes très-expressifs, combien il se trouvait déplacé en pareille compagnie.

En continuant à causer avec le voisin, que je fus étonné de trouver si bien instruit, j'achevai d'apprendre l'ignoble histoire de la mère Radig et de son cabaret, sans pouvoir y trouver le moindre prétexte à la vogue honteuse dont ils jouissent. Elle est telle, cependant, qu'il se débite dans ce taudis trois ou quatre mille bouteilles de vin par jour, et que les cabaretiers de la Villette ont offert une somme considérable à cette femme pour la déterminer à quitter leur voisinage. La phrase proverbiale, *Il y a du monde jusque sur les toits*, est ici rigoureusement exacte; on a vu quelquefois, le dimanche, des tables dressées sur le toit de la maison, et l'on s'y disputait les places. Je m'en retournai, tout honteux de ce que j'avais vu; et la comparaison que je faisais de cette mère Radig avec Ramponeau, chez lequel j'avais été dans ma jeunesse, était tout entière en faveur de ce dernier. La figure de ce cabaretier de la Courtille avait quelque chose de si grotesque, de si jovial, que les arts s'en étaient emparés : on le retrouvait partout à califourchon sur le tambour qui lui servait d'enseigne. Tel était le plaisir qu'on trouvait à le voir, qu'un certain *Gaudon*, célèbre joueur de marionnettes de ce tems-là, lui proposa douze francs par jour, pour le montrer pendant trois mois sur son théâtre : l'engagement fut signé; et le refus que fit Ramponeau de le remplir devint la matière d'un procès où figurèrent deux des célèbres avocats de l'époque, *Beaumont* et *Coqueley*.

Ramponeau habitait un caveau, mais un caveau propre, décoré, autant qu'il m'en souvient, d'une manière assez pittoresque, au moyen d'une treille en peinture qui tapissait les murailles.

Ramponeau faisait honneur à la liqueur qu'il débitait, mais il avait soin de ne se griser que le soir; la mère Radig est dans un état d'ivresse continuelle. S'il est vrai que le spectacle hideux d'une femme en cet état attire chez elle la foule, qu'il devrait en éloigner, ne serait-il pas du droit et du devoir de l'autorité de faire cesser un scandale dont le moindre mal est un outrage journalier à la pudeur et à la morale publique?

N° XLVIII. — 23 *mai* 1816.

LES IMITATEURS.

O imitatores servum pecus !
Hor.

Pauvres imitateurs! sot bétail, je l'avoue.

« L'imitation (me disait M. André en revenant du bois de Boulogne, où nous avions rencontré un de ses amis qui conduisait, en cocher, sa propre voiture), l'imitation est toujours borgne et boiteuse : borgne, parce qu'elle ne peut apercevoir toutes les qualités de son modèle; boiteuse, parce qu'elle cloche en le suivant. Si ce gros Laugler, que nous venons de voir perché sur le siége de sa berline ouverte, avait en effet la passion des chevaux, s'il trouvait quelque plaisir *à guider un char dans la carrière*, ou qu'il excellât dans l'art des Automédon, je lui pardonnerais de se donner en spectacle, et, le fouet à la main, de disputer le pas à tous les cochers de fiacre de Paris; mais quand je songe que ses goûts, ses inclinations, ne sont pour rien dans cette fantaisie, qui ne l'amuse pas du tout, à laquelle il ne se livre que par esprit d'imitation, et pour se mettre à la suite de quelques *gentlemen drivers*, je ne puis me défendre d'un mouvement de pitié, auquel j'ai beaucoup de peine à ne pas donner l'expression du mépris. »

Ce bon M. André est l'ennemi le plus irréconciliable du grand troupeau des imitateurs, et quand on le met sur ce chapitre on lui fait dire des choses qu'on trouve peut-être d'autant plus étranges, qu'elles sont plus raisonnables. *Cela ne ressemble à rien ; cela ressemble à tout :* telle est pour lui en politique, en morale, en littérature, la forme habituelle de l'éloge le plus complet, ou de la critique la plus amère des hommes aussi bien que des choses. Je n'ai pas voulu perdre l'occasion de connaître à ce sujet sa pensée tout entière, et je me suis contenté, en termes de coulisses, de lui donner la *réplique* de toutes ses *tirades*.

« On peut, lui dis-je, abuser de l'imitation comme on abuse de la science, de l'esprit, de la vertu même ; mais, puisqu'elle n'est après tout que la traduction des préceptes en exemples, si les premiers sont bien choisis, je ne vois pas comment les autres seraient nuisibles ? — Voilà ce que c'est, répondit-il, d'adopter ou de fabriquer des définitions qui éblouissent au premier coup-d'œil, et qui n'ont que l'inconvénient de ne rien définir : imiter, selon vous, c'est *traduire les préceptes en exemples* ; je serai plus précis, plus clair, et je crois plus exact en disant qu'*imiter c'est contrefaire*. Je ne vois sur la terre qu'un peuple de singes dont les plus grands s'appellent la race humaine, et qui ne diffèrent des autres que par la gravité de leurs gambades. La nature a fait de l'instinct la raison des animaux ; privés de l'intelligence qui prévoit, du jugement qui compare, de la réflexion qui choisit, ils obéissent machinalement à ce besoin d'imitation, au développement duquel se borne toute leur perfectibilité. Mais l'homme qui a reçu du Ciel la faculté d'acquérir des idées, de les retenir, de les combiner entr'elles ; l'homme à qui, seul, l'imagination a

été donnée, devrait trouver dans ce sens intérieur une source intarissable d'originalité. Avec trois traits principaux, dont se compose la face humaine, la nature a trouvé le moyen de donner une physionomie particulière à chaque individu : comment se fait-il que les innombrables combinaisons de l'imagination et de la mémoire ne produisent, à très-peu d'exceptions près, que des caractères, des esprits, des talens qui se ressemblent d'un bout de la terre à l'autre ?
— C'est que partout une éducation semblable doit avoir à-peu-près les mêmes résultats, et qu'on ne peut, quoi que vous en puissiez dire, apprendre qu'en imitant ; si ce n'est pas chez l'homme un instinct animal, c'est du moins un penchant naturel qui s'annonce dès l'enfance. Se fait-il une mission dans un village, tous les enfans font l'exercice ; y arrive-t-il un régiment, tous font l'exercice. — Cette disposition est sans doute la première qu'il faut cultiver ; la mémoire précède l'imagination, mais les idées connues, dont cette première faculté s'empare, ne sont que des engrais ; on veut y trouver des semences. Je m'explique, en suivant la même comparaison : l'esprit humain est un vaste

domaine que l'éducation cultive ; mais ce domaine, si varié de situations, d'aspects, renferme une foule de germes différens, qui exigeraient des soins particuliers pour arriver à un parfait développement, à une entière maturité ; mais, sans égard au genre, à l'espèce, aux circonstances locales, on en soumet la culture aux procédés d'une même routine, d'où l'on n'obtient en dernier résultat que des terres labourées sans fruit, qu'il aurait autant et peut-être mieux valu laisser en friche. Notre France est un des pays où ce vice de l'éducation, que j'appelle *imitative*, est la plus pernicieuse, par la raison que c'est peut-être celui dont les habitans sont doués de plus d'imagination.

» Je ne connais rien de plus impertinent, je le dis tout net, que vos éducations d'université ; je regarde ces colléges, où deux cent mille enfans sont enfermés pendant dix ans de leur vie, pour apprendre une langue morte dont les quatre-vingt-dix-neuf centièmes ne feront jamais le moindre usage, ne tireront jamais le moindre profit, comme ces châssis de verre sous lesquels on étouffe des milliers de plantes pour en faire végéter quelques-unes ; mais cette question importante de l'éducation publique nous éloigne de notre sujet ; j'y reviens en jetant un coup-d'œil sur l'état de notre littérature, si cruellement affaissée sous le poids de l'imitation.

» Ce n'est certainement pas la faute de la nature ; nulle part elle n'a été plus féconde en esprits originaux : depuis Rabelais jusqu'à Le Sage, depuis Corneille jusqu'à Vadé, depuis Bossuet jusqu'à Scarron, quelle prodigieuse variété de talens, de formes, de styles (sans compter le protée littéraire, qui les rassemble tous) ! d'où vient donc l'insipide uniformité dont nous nous plaignons aujourd'hui ? De ce que tout le monde imite, et que personne n'imagine ; de ce que chacun veut être un autre au lieu d'être soi-même. Nos littérateurs, sans cesse occupés à modeler leur esprit sur celui des autres, ressemblent à ces sauvages qui pétrissent la tête de leurs enfans nouveau nés, pour leur donner une forme convenue, sans s'embarrasser s'ils gênent ou déplacent leur cervelle. — Dans les arts au moins, dont le but est l'imitation de la nature, vous ne nierez pas que la perfection ne consiste à en approcher le plus près possible ? — Pardonnez-moi, je vous nierai tout cela : les arts doivent chercher dans la nature les types et non pas les modèles de ce beau idéal dont l'imagination est la véritable source. Vous imiteriez à s'y méprendre le chant de tous les oiseaux du monde, que vous ne feriez jamais qu'une détestable musique ; et quelque habile sculpteur que vous puissiez être, vous feriez *poser* l'un après l'autre les plus beaux hommes de l'Europe, que, sans le génie qui l'a conçu, vous ne reproduiriez pas un *Appollon du Belvedère*.

» Les gens qui conviennent le plus franchement de cette vérité, en tirent une singulière conséquence : Le beau idéal, disent-ils, est l'objet des arts ; les anciens ont quelquefois rencontré ce beau idéal : donc il faut imiter les anciens ; et moi, je dis, Etudiez-les, et ne les imitez pas, sous peine de rester constamment au-dessous d'eux. L'antique ! l'antique ! répète-t-on sans cesse ; l'*Antinoüs* est antique : donc l'Antinoüs est plus beau que le *Cyparis*, qui est moderne ; ce qui équivaut à redire qu'Homère est plus beau que Virgile de deux mille ans. — Ce n'est pas faute de moyens pour vous combattre que j'abandonne successivement toutes mes positions ; c'est afin de vous amener sur le champ de bataille dont j'ai le mieux étudié le terrain, et nous y voici : que l'imitation soit un écueil, en fait d'éducation, d'arts, de littérature, c'est un paradoxe que l'on peut soutenir comme beaucoup d'autres, et à l'appui duquel il est plus facile de trouver des raisons que des preuves ; mais en fait de société politique, vous voudrez bien convenir que là où les principes sont invariables, les lois établies, les droits reconnus et les devoirs réciproques, il ne peut y avoir de véritables originaux que les méchans. — Je pourrais rétorquer le sophisme, en soutenant que là où tout est prescrit, excepté la vertu, qui ne saurait se prescrire, il ne peut y avoir de véritables originaux que les gens vertueux ; mais cela nous jetterait dans les distinctions métaphysiques des lois positives et naturelles du bien et du mal essentiel ou relatif, dont nous ne sortirions jamais ; je n'examine les inconvéniens de l'imitation que dans leurs rapports avec les mœurs générales ; dans ce sens je l'appelle la mode ; et je l'envisage comme un masque dont le moindre inconvénient est de donner à tout un peuple la même figure, ou, si vous l'aimez mieux, de lui ôter toute physionomie. « *Il faut faire comme les autres ; il faut dire comme les autres :* » grâce à cette maxime de la mode ; je ne vois, je n'entends que des gens que j'ai vus, que j'ai entendus partout : je cherche des caractères, je ne rencontre que des portraits ; je demande des médailles, et je ne trouve que de la monnaie courante.

» La mode et la routine ne sont occupées dans ce monde qu'à gâter l'œuvre de la nature ; à force de *repeints* (pour me servir du terme technique), elles parviennent à faire de misérables copies des meilleurs originaux. Vous douteriez-vous, en voyant ce M. de Mérival, si fier, si gourmé, si personnel, que la nature en avait fait un homme gai, loyal, franc jusqu'à la rudesse, et serviable jusqu'à l'importunité ? Il a fallu qu'il travaillât long-tems pour défigurer ainsi son caractère ; mais on lui a tant répété qu'il fallait *faire comme tout le monde*, c'est-à-dire comme les gens avec lesquels il vit, qu'il ne reconnaît plus ses amis, pour peu qu'ils soient malheureux; qu'il ne répond plus aux questions que vous lui faites, sur quoi que ce soit, que par le mot d'ordre qu'il va prendre dans l'anti-chambre de son patron; et que, par respect pour ses aïeux, il laisse mourir de faim ses parens.

» Je ne sais pas jusqu'à quel point la nature avait eu tort, en créant Mme Dufenil, d'en faire un démon de coquetterie, de légèreté ; de lui donner beaucoup d'esprit et de lui refuser le sens commun ; mais je sais bien qu'avec son maudit caractère, tel que la nature le lui avait fait, elle était du moins amusante, si elle n'était pas estimable ; qu'elle avait des mouvemens de bonté, des lueurs de raison : aujourd'hui Mme Dufenil, pour être ce qu'elle appelle aussi *comme tout le monde*, veut faire à toute force du sentiment et de la politique ; parce qu'elle a conservé le nom de son mari, en changeant quinze ou vingt fois d'amans, elle déclame avec fureur contre le divorce ; elle vient de faire le voyage de Suisse pour assister aux conférences mystiques de Mme Krudner, et se propose d'ouvrir incessamment à Paris un cours de *marti-*

nisme à l'usage des intrigantes de haut parage....... »

L'arrivée inattendue de cette dame interrompit notre entretien, et pourra nous fournir l'occasion de le reprendre.

N° XLIX. — 30 *mai* 1816.

LE DIMANCHE A PARIS.

Quippe etiam festis quædam exercere diebus
Fas et jura sinunt.
VIRG., *Géorg.*, liv. I.

Il est des délassemens et des occupations que la religion et les lois autorisent également aux jours de fête.

COMME il se pourrait qu'au nombre de mes lecteurs il s'en trouvât quelques-uns auprès de qui Virgile, en pareil cas, ne parût pas une autorité suffisante, et qui se rangeassent à l'avis du concile de Cologne, qui prétend que le Dimanche (jour du Seigneur) doit être consacré tout entier au service de Dieu, je m'autoriserai, pour soutenir le contraire, en termes non moins orthodoxes, des propres paroles de l'Ecriture :

« Vous vous occuperez pendant six jours ; vous cesserez vos travaux le septième, afin que votre bœuf, votre âne se reposent, et que le fils de votre esclave et l'étranger qui est parmi vous puissent, ainsi que vous, prendre quelque divertissement.* »

Je sais bien que le mot *refrigeretur*, qui se trouve dans le texte, et que je traduis par ceux-ci, *prendre quelque divertissement*, signifie rigoureusement, *donner quelque relâche ;* mais il est clair qu'il reçoit une acception plus étendue en l'appliquant à l'étranger (*advena*), qui peut se reposer sans votre permission, mais qui ne peut s'amuser chez vous sans votre participation. Cela dit, pour réconcilier les gens un peu trop scrupuleux, non pas avec les excès, mais avec les plaisirs auxquels le peuple parisien se livre le dimanche, je vais essayer d'esquisser, en quelques traits, le tableau de cette grande ville un jour de fête. Je dois prévenir que je me reporte quelques semaines en arrière pour trouver un ciel moins nébuleux, un tems moins couvert que celui qui attriste en ce moment tous les objets.

* *Sex diebus operaberis, septimo die cessabis, ut requiescat bos et asinus tuus, et refrigeretur, sicut et tu, filius ancillæ tuæ et advena.*

Exod 23.

En sortant de chez moi, dimanche matin, j'ai rencontré, sur le boulevart de la Madeleine, Mme d'Essenilles : nous allions l'un vers l'autre, et nous nous sommes reconnus au même instant. Je remarquais bien l'embarras où la mettait ma présence, et l'envie qu'elle avait de m'éviter ; je m'y serais prêté de bonne grâce, mais il n'était plus tems. N'espérant pas me faire prendre le change, elle a pris le parti de m'aborder franchement. « Vous me voyez toute honteuse, me dit-elle.—Honteuse ! Madame ; et de quoi, s'il vous plaît ? — D'être rencontrée à Paris un dimanche : c'est du plus mauvais ton ; personne ne le sait mieux que moi. — Ce qu'il y a de consolant, c'est que vous ne pourrez y être vue que par quelqu'un qui s'y trouve.—Il y a des gens pour qui tout est sans conséquence, et d'autres dont les moindres démarches attirent tous les yeux, et sont justiciables de ce qu'on appelle le *bon ton*. — C'est le cas très-différent où nous nous trouvons l'un et l'autre : j'en conviens ; mais faites-moi le plaisir de m'expliquer, Madame, en quoi le bon ton peut être blessé de votre séjour à Paris un jour plutôt qu'un autre ?— Mon cher Hermite, nous n'avons que quelques pas à faire ensemble, et les lois, ou, si vous l'aimez mieux, les caprices du bon ton ne sont pas de ces questions que l'on traite en courant ; tout ce que je puis vous dire pour le moment, c'est qu'une femme comme il faut ne doit pas se montrer le dimanche à Paris pendant l'été, parce qu'elle est censée à la campagne ; parce qu'en se donnant l'air de partager les délassemens du peuple, ceux qui ne la connaissent pas peuvent supposer qu'elle n'est point étrangère à ses occupations ; parce qu'elle s'expose à être saluée, dans une promenade publique, par sa lingère ou sa marchande de modes, et que peu de gens sachant apprécier la nuance du salut qu'elle lui rend, on peut croire qu'elle traite d'égale à égale avec une petite bourgeoise qui viendra, le lendemain, faire antichambre chez elle pendant deux heures pour avoir un à-compte sur son mémoire. — Vous m'en direz tant, Madame, que je finirai par croire que le bon sens est directement l'opposé du bon ton, dans lequel je voulais absolument qu'il entrât pour quelque chose. — Je ne me suis jamais avisée d'examiner ce qu'ils peuvent avoir de commun ensemble : c'est votre affaire ; mais je sais que le bon ton est le résultat d'un sentiment d'autant plus vif, d'autant plus impérieux, qu'il est tout-à-fait exempt de réflexion. Adieu, sage Hermite ; j'entre dans cette maison, pour n'avoir pas encore une fois à rougir aux yeux d'un homme de ma connaissance que j'aperçois, et qui serait, j'en suis sûre, moins indulgent que vous. »

En quittant Mme d'Essenilles, sur le boulevart, au coin de la rue de Caumartin, je songeai que j'étais à quelques pas de la demeure de l'ami Walker, et qu'il pourrait m'être très-utile dans l'emploi que je voulais faire de ma journée. C'est un homme dont je me sers dans certaines occasions comme on se sert d'une loupe pour rapprocher ou pour éclaircir les objets. Malheureusement, il venait de sortir à l'instant même ; je le voyais à quelques pas devant moi, et j'aurais pu le rejoindre au haut de la rue Sainte-Croix, si les voitures qui affluaient à Saint-Joseph ne me l'eussent fait perdre de vue. J'entrai dans cette église, où je fis une remarque dont je ne veux pas presser la conséquence. L'église était pleine ; mais, à l'exception de cinq ou six jeunes gens qui accompagnaient leurs mères, et de trois ou quatre vieillards, au nombre desquels je me comptais, cette assemblée de fidèles n'était composée que de femmes. J'avais eu plusieurs fois occasion d'observer la foule de pauvres qui remplit le porche des églises; je fus étonné d'en trouver si peu à Saint-Joseph; le suisse, à qui je fis part, en sortant, de mon observation, me dit, d'un ton à me laisser incertain sur sa pensée : « Cela n'est pas étonnant; c'est le quartier des » riches. »

Je ne connais pas d'objets du même genre qui se ressemblent moins au monde que les deux plus grandes capitales de l'Europe, un jour de dimanche. L'aspect de Londres est triste, silencieux : les rues, dont les maisons et les boutiques sont exactement fermées, ressemblent à ces longs corridors d'une chartreuse, où quelques religieux se promènent en silence. Paris, au contraire, se présente sous un aspect plus agréable, plus varié et plus bruyant que les autres jours. L'amour du plaisir, chez les habitans des rives de la Seine, est encore plus actif que l'amour du gain. Il n'en est pas de même aux bords de la Tamise, et cette différence dans le caractère des deux peuples pourrait fort bien avoir produit toutes les autres. Mais laissons un parallèle qui me fournira quelque jour un bon chapitre, et, pour aujourd'hui, ne sortons pas de nos barrières.

C'est un tableau très-gai, très-animé, que celui que j'ai sous les yeux, en ce moment, dans les différentes rues que je parcours aux environs du Palais-Royal. Les maisons, dont presque toutes les fenêtres ouvertes sont garnies de fleurs et de femmes à tous les étages; ces boutiques à demi fermées, où l'on a soin de laisser entrevoir les objets les plus propres à tenter les acheteurs; ces familles entières vêtues de leurs plus beaux habits, qui marchent dans la même direction, et dont toutes les figures rayonnent déjà du plaisir que l'on projette encore; ces voitures de place, où l'on trouve le moyen de faire entrer sept à huit personnes, et dont le cocher et les chevaux même ont un certain air de fête : toutes ces circonstances, plus rapprochées, plus fréquemment reproduites, donnent à cette ville ce qu'on peut appeler *sa physionomie du dimanche*.

Je m'étais arrêté dans la rue Vivienne, auprès d'une élégante boutique, où deux jeunes personnes, plus jolies que les Odalisques du sérail qui servent d'enseigne à leur magasin, causaient sur le pas de leur porte. Pour me donner, dans mes observations, une attitude un peu moins indiscrète, je feignis de lire les nombreuses affiches dont la muraille voisine était couverte. L'attention impatiente avec laquelle l'aînée de ces jeunes personnes regardait du même côté de la rue, les mots *le voici!...* deux ou trois fois répétés par la plus jeune avec une intention maligne, m'avaient mis en tiers dans leur confidence ; et, après avoir vu l'expression de la joie se peindre sur la figure de la belle attentive, je ne fus pas étonné de l'air de réserve qu'elle prit à la vue d'un jeune homme en garde national, le fusil sur l'épaule, qui s'approcha de ces demoiselles avec un empressement que la petite sœur modéra en mettant un doigt sur sa bouche et en retournant la tête, comme pour regarder dans l'intérieur de la boutique. La conversation, commencée à voix basse, fut brusquement interrompue par l'apparition d'un père ou d'un oncle en robe-de-chambre de siamoise et en bonnet de velours.

Le jeune homme feignit d'arriver à l'instant même, et se pressa de dire qu'il allait à la parade. Je m'apercevais que sa présence était moins agréable au bon homme qu'à ces demoiselles, et je devinais aisément qu'il y avait là, comme dans toutes les comédies, un amoureux, une amoureuse, une confidente, et un père *barbare* qui contrariait un tendre penchant. J'avais bien remarqué que la sœur cadette tenait en main et roulait dans ses doigts un petit papier, sur lequel le jeune homme avait les yeux, et dont je soupçonnais la destination, sans imaginer comment il parviendrait à son adresse, en présence d'un argus qui me semblait très-vigilant. La petite personne s'avisa d'un moyen tout-à-fait ingénieux: « Je ne sais pas comment vous pouvez faire, M. Durand, dit-elle au jeune homme, pour porter, pendant deux ou trois heures, une arme aussi lourde; » et en feignant de soulever le fusil, elle laissa glisser le billet dans le canon. « Bah! c'est une plume, répondit M. Durand en le portant à son épaule. Je vous assure, ajouta-t-il, qu'il ne m'a jamais paru plus léger. » Cela dit, il s'éloigna en jetant sur les deux sœurs un regard plein d'amour et de reconnaissance.

Le Palais-Royal, dont l'attrait particulier tient à l'éclat de ses boutiques, est moins agréable et moins fréquenté les dimanches que les autres jours de la semaine ; le jardin n'est peuplé que de lecteurs de journaux et d'étrangers, pour qui la Rotonde est un lieu de rendez-vous.

C'est aux Tuileries que se rassemble le dimanche toute la petite bourgeoisie parisienne, qui se subdivise en trois ou quatre classes, dont les nuances, parmi les femmes, deviennent chaque jour plus difficiles à saisir. La fille d'un marchand, d'un procureur, n'a rien qui la distingue aujourd'hui de la fille d'un bon artisan : leur parure est semblable, leur coiffure est la même, leurs manières sont également étrangères à leurs habitudes, et ce n'est guère qu'en faisant attention aux hommes qui les accompagnent qu'on peut deviner à quelle classe de la société elles appartiennent. Celui qui est venu se promener dans cette grande allée le samedi, au milieu des femmes les plus élégantes, des hommes les plus brillans dont se compose ce qu'on appelle *le grand monde*, et qui s'y trouve le lendemain à la même heure, au milieu de l'assemblée du dimanche, croit assister à la représentation de la même pièce, jouée par des acteurs de province.

J'ai déjà eu plusieurs fois l'occasion de peindre les différentes scènes dont ce lieu est journellement le théâtre ; je pourrais tout au plus en varier les couleurs ; mais l'espace qui me reste suffit à peine à l'esquisse générale que je trace en courant.

Pour continuer ma revue dominicale, je partis des Tuileries à cinq heures, pour aller dîner dans le quartier du Temple. En remontant les boulevarts, j'eus occasion d'observer qu'une partie des promeneurs se portait vers les barrières de Montmartre et de la Villette, tandis que l'autre se dirigeait vers les petits théâtres. Le dîner que je fis, au Cadran-Bleu, avec une famille de braves gens qui voulurent bien m'admettre à leur table, est encore un épisode dont je suis obligé d'ajourner le récit.

Après mon dîner, je me donnai le plaisir d'entrer dans tous les cafés, de visiter toutes les curiosités, de m'arrêter devant toutes les parades que l'on trouve à chaque pas sur cette partie du boulevart. Je faisais d'agréables réflexions sur cette multitude de plaisirs qu'on pouvait se procurer à si bon marché, quand je m'aperçus qu'on m'avait débarrassé de mon mouchoir, de ma montre d'argent et de ma tabatière; je promis de m'en venger, en faisant quelque jour un beau Discours contre les filoux, pour l'instruction des badauds.

J'allai prendre du café au jardin des Princes, où le hasard me fit rencontrer les deux jeunes marchandes de la rue Vivienne, avec leur père. Je m'imaginai que le garde national devait être de la partie; et, à force de le chercher, je le découvris tout seul dans un cabinet de verdure adossé à celui où se trouvaient ces dames, dont il n'était séparé que de l'épaisseur de quelques feuilles. Tout vieux que je suis, je me fis une idée de leur bonheur.

N° L. — 6 *juin* 1816.

LES FUNÉRAILLES.

> .... *Mors sola fatetur*
> *Quantula sint hominum corpuscula.*
> JUVÉNAL.
>
> La mort seule nous révèle combien les hommes sont peu de chose.

En entrant hier matin dans la chambre de Mme de Lorys, je la trouvai tout en larmes. Je l'interrogeai sur la cause de son chagrin. Elle me montra, dans la *Gazette de France* qu'elle tenait à la main, la lettre de M. de R***, dont la lecture lui rappelait une jeune femme distinguée par toutes les grâces et par toutes les vertus, qui ne vivait plus que dans le cœur de son excellent père et dans la mémoire inconsolable de ses amis.

Le souvenir des douleurs sur lesquelles a passé le tems a je ne sais quel charme où se complaisent les ames tendres. Mme de Lorys trouva, dans l'attention avec laquelle je l'écoutais, un prétexte, qu'elle saisit avidement, de me parler de Mme de Brion, avec qui elle avait autrefois fait connaissance dans une terre aux environs de Creil, chez une autre de ses amies non moins aimable, non moins bonne, et que la mort avait également moissonnée à la fleur de l'âge.

Ces tristes récits nous avaient conduits à de sages réflexions sur le terme inévitable vers lequel nous nous acheminons tous d'un pas inégal; et nous tombions d'accord que mesdames de B**** et de Saint-J****, en quittant la vie, avaient éprouvé une bien douce consolation dans la pensée que l'amitié resterait fidèle à leur mémoire, et qu'on dirait de chacune d'elles ce que Cicéron disait de sa chère Tullia: *Eteinte, elle sera encore aimée.* (*Extincta amabitur.*)

Cet entretien, qui n'était pour moi qu'une préparation aux événemens de cette journée, fut coupé plutôt qu'interrompu par une lettre *de faire part*, qui m'invitait à assister *aux convoi et enterrement du très-haut et très-puissant seigneur Charles-Emmanuel-Rodolphe* COMTE DE SERGIS, etc. Je n'avais pas eu à me louer de cet arrière-petit-cousin, * dont les bontés pour moi, depuis son élévation, se bornèrent à me permettre d'aller lui faire ma cour, sans invitation spéciale, une fois par semaine après son dîner. Je n'étais pas d'humeur à user de la permission, et quelque intérêt que je prisse à son aimable femme, je ne pus me déterminer à passer par toutes les épreuves qu'il fallait subir pour arriver jusqu'à elle. La mort de M. de Sergis m'affligea cependant plus encore qu'elle ne me surprit ; je n'avais jamais douté qu'avec une santé aussi faible il ne succombât sous le fardeau qu'il s'était imposé du seul aveu de son ambition, sans consulter ni ses moyens ni ses forces.

Si j'avais cru pouvoir me dispenser de me mettre dans la foule des adorateurs de sa fortune, je n'en regardai pas moins comme un devoir de contribuer à lui rendre les derniers

---

* *Voyez*, dans le 1er volume de *l'Hermite de la Guiane*, le N° XVII (*l'Ambitieux*).

honneurs, les seuls dont on ne puisse calomnier l'intention.

Je me rendis au domicile du défunt, d'où l'on avait éloigné son épouse et sa fille. Un intendant, habile à profiter, pour la dernière fois, de la vanité de son maître, s'était chargé de l'ordonnance des obsèques, où il avait eu soin de déployer l'humiliant appareil de la plus fastueuse mortalité.

Bien que je ne m'attendisse pas à trouver, à l'enterrement d'un homme en place, autant de monde que j'en avais vu à ses audiences, je fus néanmoins choqué du petit nombre de personnes qui s'étaient rendues à cette invitation mortuaire. J'en fis la remarque à l'intendant : « J'avais prévu le cas, me dit-il ; j'ai fait pré-
» venir et habiller tous les fournisseurs de l'hô-
» tel : ils suivront dans les voitures de deuil. »

En attendant le moment du départ, je me promenais tristement dans ces appartemens somptueux, dont le possesseur de la veille ne devait emporter qu'un linceul ; je m'arrêtais dans son cabinet à contempler son portrait, où il était peint en grand costume, rédigeant une dépêche et le regard arrêté sur un buste du cardinal Mazarin. Là, ses yeux armés de dédain, animés d'une orgueilleuse espérance, conservaient du moins quelque chose de la vie dont le modèle était entièrement privé.

De combien de réflexions amères les objets dont j'étais entouré venaient assaillir ma pensée ! Cette pendule qui marchait encore ; cet Almanach Royal ouvert sur la cheminée, à la page même où se trouvait le nom du comte, lequel avait, de sa main, ajouté en marge un de ses titres qu'avait oublié l'éditeur ; cette lettre laissée sur son bureau, dont il n'avait pu tracer que ces premières lignes :

« Je ne pourrai, mon cher marquis, m'oc-
» cuper du projet en question avant deux ou
» trois ans ; mais aussi pourquoi tant nous pres-
» ser ? Grâce au Ciel, nous avons du tems de-
» vant nous..... »

Et il n'a pas eu celui d'achever son billet !!

On vint me prévenir que le cortége se mettait en marche ; je montai dans celle des vingt-quatre voitures de deuil qui suivait immédiatement le char funéraire, qu'on aurait pu prendre pour un char de triomphe, au luxe des ornemens, des broderies et des trophées dont il était couvert.

Après une longue station à l'église de la paroisse du défunt (où j'aurai désiré qu'au lieu de prières psalmodiées en mauvais latin un des ministres de la religion nous eût fait entendre, à propos de la mort, un bon sermon sur l'*immortalité de l'ame*), nous acheminâmes vers le cimetière du *P. Lachaise*. Au moment où nous y arrivions, deux autres convois, qui s'y rendaient par des chemins différens, se trouvèrent à-peu-près en même tems que nous à la porte principale. Je vis le moment où nous allions nous disputer,

. . . . Dans ce triste passage,
Des vains honneurs du pas le frivole avantage.

Les deux chars qui se présentaient en concurrence avec celui de M. de Sergis, à l'entrée de la funèbre carrière, étaient ceux du commissaire-ordonnateur *Marchand* et du poète *Millevoye*.

Le premier, connu par d'honorables services, était tombé dans une de ces embuscades dressées çà et là sur le chemin de la vie, pour assurer à la mort le droit fatal qu'elle perçoit sur tous les âges : cet administrateur, que les travaux et les fatigues de la guerre avaient respecté pendant trente ans, s'était noyé dans une promenade sur la Seine.

L'autre, dont les Muses déplorent vivement la perte, est tombé dans la force de l'âge et du talent. M. de Millevoye avait été particulièrement connu de la personne avec laquelle je faisais ce triste voyage ; je l'interrogeais sur quelques circonstances de la vie et de la mort de ce jeune poète ; elle se contenta de me réciter ces vers prophétiques, qui terminent une de ses meilleures élégies (*le Poète mourant*):

Compagnons dispersés de mon triste voyage,
O mes amis! ô vous qui me fûtes si chers!
De mes chants imparfaits recueillez l'héritage,
Et sauvez de l'oubli quelques-uns de mes vers.
Et vous, par qui je meurs, vous à qui je pardonne,
Femmes! vos traits encore à mon œil incertain
  S'offrent comme un rayon d'automne,
  Ou comme un songe du matin.
Doux fantômes, venez! mon ombre vous demande
Un dernier souvenir de douleur et d'amour.
Au pied de mon cyprès effeuillez pour offrande
  Les roses, qui vivent un jour.

Le cérémonial réglé, nous entrâmes au séjour de l'oubli, dans un ordre tout-à-fait convenable : l'homme d'état passa le premier : A tout seigneur tout honneur ; le citoyen laborieux et utile suivit d'un peu loin, et l'homme de lettres resta en arrière. Les restes de M. de Sergis furent déposés au bas de la colline où se trouve *la maison du P. Lachaise*, dans une vaste enceinte, sur laquelle était déjà tracé le monument somptueux qu'on se propose d'y construire. Après avoir rendu les derniers devoirs à celui que, dans l'ordre de la nature, j'aurais dû précéder au tombeau ; après l'avoir vu descendre dans sa froide demeure, et avoir entendu retentir avec effroi, sur son cercueil, la pelletée de terre que m'avait présentée le directeur des funérailles, j'errai quelque tems sur cette terre des morts, en m'étonnant d'en habiter encore la surface.

Qu'elles sont profondes, qu'elles sont sages les réflexions qu'un pareil lieu, que de pareils objets inspirent! Avec quel dédain on regarde du haut de la mort, si j'ose parler ainsi, ces niaises vanités, ces petites grandeurs, ces graves riens, à la poursuite desquels nous consumons notre vie ! Du point de vue où je me trouvais alors, que l'ambitieux me paraissait bête ! que le courtisan me paraissait vil ! que le persécuteur me semblait odieux et insensé ! Si je puis juger des autres d'après moi-même, une heure de promenade dans un cimetière révèle plus de vérités utiles, plus de sentimens vrais, plus d'idées religieuses à l'esprit et au cœur de l'homme, qu'il ne peut en puiser dans tous les livres de morale.

Cette réflexion me conduit à former le vœu de voir un jour nos cimetières transformés, comme chez les Orientaux, en promenades publiques. Ce projet, sur l'utilité duquel je regrette de ne pouvoir m'étendre en ce moment, serait d'une exécution plus facile *au cimetière du P. Lachaise* que partout ailleurs : le terrain est heureusement choisi ; les distributions en ont été faites par un architecte habile (M. Brongniart), dont il serait à souhaiter que le plan reçût son exécution tout entière. Il avait fait adopter l'idée touchante et ingénieuse d'élever, sur les ruines de la maison du célèbre jésuite qui donne son nom à ce pieux enclos, une chapelle funèbre, dont la destination religieuse et l'aspect pittoresque sur la hauteur qui domine et couronne le cimetière, ajouteraient le seul ornement convenable à la majesté du lieu. Il est à craindre que ce monument n'existe pendant plusieurs siècles que dans les dessins déposés à l'Hôtel-de-Ville.

Pour transformer en jardin public le cimetière du *P. Lachaise*, il suffirait d'en diriger les inhumations dans les alignemens qui avaient été tracés, et qu'on ne suit déjà plus; d'y construire deux fontaines jaillissantes, et d'y faire quelques plantations d'arbres dans les différentes directions que le seul aspect du terrain indique. Il serait nécessaire que l'administration municipale y entretînt un conservateur et plusieurs garçons jardiniers, à qui je voudrais que l'on ôtât ce vilain nom de *fossoyeurs*. Le conservateur, choisi parmi les artistes, se chargerait de faire exécuter, ou du moins de surveiller l'exécution des monumens funèbres; et, grâces à ses soins, les arts n'auraient plus à rougir de cette foule de constructions mesquines, bizarres et

souvent ridicules, de ces épitaphes imperti-
nentes et puériles, où la raison, la langue et
le goût sont également blessés, et qui font trop
souvent rire aux dépens des morts, en nous
montrant le ridicule assis sur la pierre des tom-
beaux.

N° LI. — 13 *juin* 1816.

MACÉDOINE.

Vallée de Chamouni, le 4 juin 1816.

Mon joyeux Révérend, j'achève une promenade intéressante dans la vallée de Chamouni. Vous connaissez cette vallée, sans doute; dans tous les cas, je me garderai bien de vous en faire la description : vous vous êtes trop fortement prononcé contre le genre descriptif. Ce que vous ignorez, c'est que sur le registre de l'*hôtel de Londres*, où les voyageurs ont coutume de consigner l'expression des sensations qu'ils ont éprouvées en parcourant les glaciers, un de vos lecteurs s'est permis de blâmer le vœu que vous avez formé dans un de vos premiers Discours, pour qu'un littérateur recueillît, dans les *Album* qu'il aurait occasion de lire, les pensées spirituelles ou philosophiques qu'on y enterre, et dont cet Aristarque est fort mécontent ; ce qui ne l'a pas empêché de faire comme les autres, et de nous transmettre son opinion en l'écrivant sur l'*Album* de Chamouni.

Pour savoir jusqu'à quel point sa critique était motivée, j'ai lu en entier ce registre curieux, où sans doute il y a beaucoup de choses puériles et insignifiantes ; mais il renferme aussi des inscriptions qu'on ne lit pas sans plaisir. C'est d'abord une chose assez originale que cette réunion de pensées et de citations, les unes religieuses, les autres grivoises ; que ces sentences, mélancoliques ou bouffonnes, écrites dans toutes les langues. C'est une chose piquante que de voir la signature de beaucoup de gens célèbres de tous les pays, à côté des noms les plus obscurs. Je n'ai pu lire sans une sorte d'émotion deux lignes qui, à très-peu de pages de distance, rappellent que, dans le modeste réduit où j'étais, deux femmes qui ont essayé le même trûnc sont venues séjourner une nuit dans ce même gîte. Que de réflexions ce seul rapprochement peut faire naître ! Mais mille traits s'offrent pour justifier le vœu que vous avez formé. Je vais en citer quelques-uns.

Un officier français a dessiné un soleil éclairant un tournesol, dont la fleur suit son cours radieux ; au bas on lit cette devise : *Inferius nil sequor.* Cet emblême ingénieux est digne d'un amant de la gloire.

Près de ce dessin poétique est une inscription très-remarquable ; la voici : *Si les passions n'anéantissaient la sensibilité du cœur, on verrait les hommes s'abstenir de choses impures et que le sentiment réprouve. Mais l'ame inclinée vers sa perfection ne saurait composer avec ses principes et jeter dans la vie une autre vie qui conduirait à un avenir sans avenir.* Cette phrase mystérieuse avait-elle besoin d'être signée STAEL DE HOLSTEIN, le 26 juillet 1815 ?

Vient ensuite cet avis donné aux voyageurs par un homme qui n'a signé que ses initiales, mais qui me semble avoir fait ses études au Vaudeville :

N'allez pas longuement vanter ce qui vous plaît !
C'est louer assez bien que garder le silence.
 On parle quand le cœur se tait,
 On se tait lorsque le cœur pense.

L'auteur de ce quatrain a eu la prétention d'être profond, et croit sans doute avoir révélé autre chose qu'une vérité de M. de la Palisse.

Il y a plus de sens dans l'épigramme suivante :

Sur ces rocs décharnés, où la nature expire,
J'égare avec transports mes pensers et mes pas;
J'y marche librement, librement j'y respire,
 Et ma femme n'y viendra pas !

Voulez-vous de la gaîté ?

Un jour trois bons vivans, à la fleur de leur âge,
Au sommet du Mont-Blanc voulaient porter leurs pas;
Les guides, la saison, leur bourse et leur courage,
Tout leur manque à-la-fois.... Ils sont restés en bas.

Un voyageur fatigué de la course des glaciers, et encore effrayé des dangers qu'il a courus, exprime ainsi ce qu'il éprouve :

Quand on a d'aussi haut contemplé la nature,
On sent au fond du cœur une volupté pure :
C'est celle d'obtenir, pour derniers résultats,
De ne s'être cassé cuisses, jambes ni bras.

Tous ces vers n'ont pas été du goût d'un littérateur sévère, qui, après les avoir lus, prit la plume pour les censurer de cette manière :

 O que la nature est immense !
 O que les hommes sont petits !

Dans ces vastes tableaux que de magnificence!
    Que de sottise en ces écrits!
L'un pense être Delille, alors qu'en ses récits,
    Tout gonflé de SENSIBLERIE,
    Sur des cailloux il s'extasie,
Décrit chaque brin d'herbe, et transporte en ses vers
    Tous les glaçons du Mont-Envers.
Méconnaissant l'auteur de ces travaux sublimes,
    Et se croyant un SPINOSA,
L'autre dit gravement: « Que prouve tout cela? »
Tandis que celui-ci, dans ses petites rimes,
    Fier créateur d'un quolibet,
Apporte sur ses bords ses lourdes épigrammes,
Ses triolets, rebut de l'*Almanach des Dames*,
L'esprit des boulevarts et le sel de Brunet.
    Quelle avalanche de bêtises!
    Quel débordement de fadeurs!
    Dans leurs quatrains que de longueurs!
Dans leurs décisions que de lourdes méprises!
Rives de l'Arve, adieu! Quand de tes frais vallons
    A regret nous nous éloignons,
Du Dieu de l'univers admirant la puissance,
    Du fond de mon cœur je redis:
    O que la nature est immense!
    O que les hommes sont petits!

Chaque voyageur, comme vous le voyez, cher Hermite, écrit suivant l'esprit qui l'anime, ou peut-être suivant l'esprit qu'il croit le plus en opposition avec celui des autres; car, généralement, on vise à l'originalité. Vous n'en dou-

terez plus lorsque vous aurez lu le morceau suivant : il est d'un Anglais qui veut empêcher ses compatriotes de se déplacer pour visiter l'étonnante vallée de Chamouni. « Nous avons, dit-
» il, un spectacle tout-à-fait semblable, non
» dans les montagnes du pays de Galles, dans
» celles de l'Ecosse et de l'Irlande, ni près des
» lacs de Cumberland, mais à Londres même :
» c'est la capitale qui nous offre tous les aspects
» de Chamouni, en novembre et décembre,
» par un épais brouillard, quand un bon dégel
» a succédé à quelques jours de neige, et que
» le ciel commence à se dégager. D'abord, les
» maisons noircies par la fumée du charbon de
» terre ressemblent aux rochers qui entourent
» la vallée : le dôme de Saint-Paul, couvert
» d'une neige éblouissante, peut, sans vanité, se comparer au Mont-Blanc ; ensuite
» le brouillard, se roulant en masses ondoyan-
» tes dans les rues, a le même caractère de sublimité que les nuages qui ceignent le flanc
» des montagnes; et les ruisseaux de la pente
» rapide de *Ludgate-Hill*, grossis du tribut
» liquide de tous les quartiers de la Cité, se
» transforment souvent en torrens impétueux et

» sales qui ne le cèdent pas à l'Arve. Quant aux
» chutes d'eau, qui ne connaît les énormes
» gouttières de Londres? Les toits, que l'on ba-
» laie au risque d'écraser les passans sous des
» monceaux de neige, donnent une idée des
» avalanches. Enfin, la mer de glace ne peut
» passer pour un objet incomparable qu'à ceux
» qui n'ont pas vu le grand bassin de *Hyde-*
» *Park*. Après trois jours d'un léger dégel, il
» s'y forme des crevasses, où l'on peut, tout
» aussi bien qu'au grand glacier, se casser une
» jambe ou un bras. Quant aux beautés de dé-
» tail, Londres a peut-être l'avantage sur Cha-
» mouni : les chemins pierreux, raboteux, des
» rochers qu'on gravit, ne sont pas plus incom-
» modes que le pavé des petites rues de Lon-
» dres. On y remarque aussi souvent des trou-
» peaux de bœufs et de moutons. Les petits car-
» rés de culture de diverses couleurs, qui tapis-
» sent le fond de la vallée, rappellent l'étalage
» d'une boutique d'étoffes ou de draps. Dans ce
» moment, le soleil dore de ses rayons le village
» de Chamouni, et la nuit dernière un ciel étoilé
» y brillait de mille feux ; avantage assez rare,
» il est vrai, dans notre cité ; mais d'abord nos

» réverbères n'éclairent pas plus que les étoiles,
» et ensuite il ne se passe pas de jour sans un
» incendie ; ce qui fait un soleil artificiel bien
» moins commun que celui qui fait partie du
» système céleste, et qui appartient à tout le
» monde.

» Je vois ici des enthousiastes assez *romanti-*
» *ques* pour recevoir une impression profonde
» des sonnettes attachées au cou des bestiaux ;
» mais, dans ce genre, on a à Londres la clo-
» chette du tombereau qui parcourt les rues
» pour recevoir les cendres et les immondices
» des maisons ; voiture dont le conducteur
» pousse, à tout moment, le cri de *dust ô !* ce
» qui peut se traduire par *tout est poussière ;*
» moralité sublime qui rappelle le néant des
» choses de ce monde, autant que le spectacle
» imposant des glaciers de Chamouni. »

Je vous avoue, mon cher Hermite, que ce parallèle, quoique écrit en caractères véritablement anglais, me semble bien français. En général, les fils d'Albion ne sont pas sujets à déprécier leur pays, et cette plaisanterie ne vient pas (ou je suis bien trompé) des bords de la Tamise. Quoi qu'il en soit, j'ai pensé que vous liriez cette pièce avec plaisir, et je l'ai transcrite, ainsi que les précédentes, pour justifier ce que vous avez dit sur les *Albums*.

Recevez l'assurance de mon estime et de mon amitié. C. G.

Paris, le 12 juin 1816.

Mon cher Hermite, on ne peut qu'applaudir au zèle et au talent d'observation que vous déployez dans la peinture critique de nos usages et de nos mœurs. Cette tâche est honorable : vous la remplissez bien ; et je ne connais pas d'écrivain à qui l'on puisse appliquer à plus juste titre la devise que fit Santeuil pour Dominique et sa troupe : *Castigat ridendo mores*. Vous avez déjà écrit huit volumes sur cette matière, et vous êtes loin de l'avoir épuisée ; c'est un champ vaste et fécond en mauvaises herbes : ne vous lassez pas d'y promener la herse en tout sens, et revenez quelquefois sur les endroits où vous avez passé trop légèrement.

L'article des *Abus* ne vous a encore fourni qu'un petit nombre de pages, et vous y pourriez facilement consacrer un volume, que j'oserai vous conseiller de diviser en quatre grands chapitres : *Abus de pouvoir*, *Abus d'esprit*, *Abus dans les professions*, *Abus dans les usages*. Il me semble que vous trouveriez moyen de classer de cette manière tous les abus dont la société est inondée, selon leur degré d'importance. Le premier titre serait, sans contredit, le plus long et le plus difficile à remplir; mais vous pourriez vous contenter d'y indiquer les objets par têtes de chapitres, en laissant à vos lecteurs le soin de travailler sur ce canevas.

Sous le titre d'*Abus de l'esprit*, quelle excellente critique ne trouveriez-vous pas à faire de notre pauvre et chétive littérature actuelle, de nos romanciers historiques, de nos historiens romanesques, de nos poètes *descripteurs*, de nos avocats à la phrase, de nos chansonniers à la pointe, de nos journalistes à l'encan ?

Quand vous en serez aux *Abus dans les professions*, je vous engagerai à revenir sur le chapitre des *boutiques sur roulettes*, qui font tant de tort aux comptoirs à domicile, et dont vous n'avez signalé que les moindres inconvéniens. Je vous inviterai, au nom des véritables commerçans, à signaler ces magasins, entrepôts de banqueroutiers, où il n'est pas étonnant que l'on donne au-dessous du prix de fabrique des marchandises volées aux fabricans. Je vous prierai de dire aussi deux mots sur le faux jour ménagé avec tant d'art dans les boutiques de nos marchands parisiens, et à l'aide duquel il est si facile de tromper les acheteurs sur la qualité des objets qu'on leur vend. Je vous recommanderai cette fourmilière de brocanteurs qui assiègent les avenues du Palais-Royal, en vous offrant *des livres défendus* qu'ils vendent sous le manteau; *des cannes,* que la plupart mériteraient qu'on leur cassât sur les épaules, *et des chaînes pour la sûreté des montres,* qu'ils vous escamotent.

Vous n'oublierez pas, j'en suis sûr, de réclamer l'exécution d'une vieille ordonnance de police, tombée en désuétude, qui interdisait aux épiciers la vente de ces drogues, dangereuses entre les mains de l'ignorance, quand elles ne deviennent pas mortelles entre les mains du crime. Peut-être même exprimerez-vous le vœu de voir adopter en France les précautions prises dans quelques états de l'Allemagne, où la vente de toute substance vénéneuse, de quelque nature qu'elle soit, est accordée, par privilége exclusif, à quelques pharmaciens dignes, par leurs connaissances et leur probité, de toute la confiance du public et du gouvernement.

Combien d'abus n'aurez-vous pas à signaler dans l'ordre judiciaire! Elevez-vous avec indignation, je vous en supplie, contre cette race odieuse des plaideurs de profession. Aucune époque ne pourrait vous fournir un plus grand nombre d'exemples du mal qu'ils peuvent faire. Je vous en citerai deux pour mon compte : le procès intenté à M. de C*** par un homme qui veut le rendre responsable des pertes considérables qu'il a essuyées par le fait d'un naufrage, où lui (M. de C***) a non-seulement perdu tout ce qu'il possédait, mais dont les suites l'ont exposé, pendant cinq ans, aux plus cruelles persécutions ; le procès que soutient en ce moment M. de P.........t, à qui l'on redemande, comme particulier, les sommes qu'il a ordonnancées sur les caisses publiques, à une autre époque, en qualité d'administrateur.

J'ai habité un pays où il existe une chambre gratuite de consultation, devant laquelle il faut paraître pour obtenir la permission de plaider. Un procès est une chose fort rare dans ce pays-là ; il est vrai de dire que les procureurs et les avocats n'y sont payés qu'autant qu'ils gagnent les causes dont ils se chargent. Un des abus de ce genre que vous aurez à relever avec plus d'amertume, c'est celui des frais de justice. Si les preuves vous manquent, je me charge de vous en apporter mille, parmi lesquelles je n'oublierai pas celle que ma pauvre sœur vient de me fournir. Riche autrefois, elle a donné presque tout son bien en dot à sa fille. Celle-ci mourut un an après son mariage, en laissant un enfant. Ma sœur, réduite exactement à l'indigence, par suite des malheurs auxquels, je ne sais par quelle fatalité, la vertu est plus communément en butte, s'est vue forcée de réclamer, de sa petite fille encore mineure, une pension alimentaire, qu'elle a fini par obtenir après un long procès. Elle a donné 200,000 fr. de dot à sa fille; la loi lui accorde six cents francs de pension, sur lesquels il faut d'abord qu'elle commence par payer 1470 fr. de frais. Connaissez-vous une dérision plus sanglante qu'un pareil acte de justice?

Courage, mon cher Hermite; bonne guerre à la sottise, aux ridicules, et sur-tout aux abus.

Le M. DE F*** ARD...

Paris, le 12 juin 1816.

Monsieur l'Hermite, depuis cinq ou six ans il existe en Angleterre une loi qui défend de maltraiter les animaux; et j'ai même lu, dans une gazette anglaise, qu'un boucher avait été condamné à une forte amende pour avoir cassé la cuisse à un agneau. Cette loi fait honneur à nos voisins, qui, cependant, sont loin d'être plus humains que nous, mais qui ont quelquefois l'art de le paraître davantage. Je ne sais pourquoi nous avons tant tardé à l'adopter nous-mêmes; outre qu'elle cadrerait avec la douceur de nos mœurs, elle tendrait à conserver chez nous les espèces utiles que les mauvais traitemens altèrent peut-être plus qu'on ne croit.

Il y a long-tems que j'ai fait ces réflexions pour la première fois; mais c'est hier sur-tout qu'elles se sont présentées à mon esprit avec une nouvelle force. Je passais dans la rue Saint-Denis; un jeune charretier, monté sur le second des quatre chevaux qu'il conduisait, se laisse tomber sans se faire aucun mal. Furieux de sa maladresse, il commence par distribuer des milliers de coups de fouet à ces pauvres animaux, bien innocens d'un mal qu'il ne s'était pas même fait ; mais dédaignant bientôt l'instrument habituel et banal de sa brutalité, il se jette, en vrai forcené, sur le premier de ses chevaux qu'il trouve à sa portée, et lui déchire les narines et les yeux avec ses ongles. Sans mon aversion pour les scènes publiques, j'aurais certainement cédé à la tentation d'assener quelques coups de canne à l'inhumain conducteur. D'autres passans, moins scrupuleux, l'ont accablé d'injures, et forcé de continuer sa route. Je pense que les pauvres chevaux n'auront rien perdu pour attendre.

Maintenant, je demande comment il se fait que l'animal le plus doux, le plus patient, le plus utile, n'obtienne jamais du maître qu'il nourrit que les plus cruels traitemens pour salaire ? A voir nos cochers de fiacre et nos rouliers déchirer leurs chevaux à coups de fouet, ne croirait-on pas qu'ils ont entrepris l'éducation de quelque bête féroce !

Il est digne d'une plume comme la vôtre, qui s'est toujours signalée par l'amour de l'ordre et de l'humanité, de traiter ce sujet dans quelqu'un de vos Discours. Puissiez-vous réussir à provoquer une loi, ou du moins un réglement de police, qui épargne à nos yeux le spectacle de ces cruautés gratuites, que notre nation devrait être la dernière à tolérer dans le sein même de la capitale! Réfléchissez-y, Monsieur l'Hermite, et vous verrez que cette matière intéresse fortement les bonnes mœurs.

Agréez les témoignages de ma haute estime.

A. L. R.

N° LII. — 5 *juillet* 1816.

TRAVAIL ET INDUSTRIE.

———

> Lequel est le plus utile à l'Etat, d'un homme bien poudré qui sait précisément à quelle heure le Roi se lève ou se couche, et qui se donne des airs de grandeur en jouant le rôle d'esclave dans l'antichambre d'un ministre ; ou d'un négociant qui enrichit son pays, qui occupe les pauvres, qui donne de son cabinet des ordres à Surate, au Grand-Caire, et contribue au bonheur du monde ?
>
> Voltaire.

Dans une de nos petites réunions de l'île Saint-Louis, il nous arriva dernièrement d'examiner une question politique et morale à laquelle nous fûmes amenés par cet aphorisme de M. André, le philosophe : *le caractère d'un homme est toujours modifié par l'esprit de sa profession;* il s'agissait de décider « quelle est la profession dont l'Etat, la société et l'individu retirent le plus d'avantages, et qui contribue le plus efficacement au maintien des mœurs. » Comme il arrive presque toujours, nous commençâmes par être tous d'un avis différent. Chacun, obéissant à son insu au préjugé de son éducation, à la partialité de son goût, à l'influence d'un intérêt plus ou moins personnel, se constitua l'avocat d'une profession favorite, et l'accusateur de toutes les autres : Binome lui-même, en dépit de toutes ses méthodes analytiques, ne pouvait arriver à une solution raisonnable d'un problême où l'on ne s'entendait (pour parler son langage) ni sur la valeur, ni même sur la nature des *quantités* que l'on employait. « Allons aux voix en y procédant au scrutin secret, dit Walker, et vous allez voir qu'avec des avis si différens nous sommes, au fond, tous du même. Je demande seulement que chacun de nous inscrive sur son bulletin deux professions: d'abord celle qui lui paraît remplir les conditions du problême, et secondement celle qui, selon lui, s'en approche davantage. » Nous en passâmes volontiers par une épreuve aussi simple; Walker procéda au dépouillement de ce petit scrutin, qui se trouva composé des quatre billets suivans :

1ᵉʳ. Les armes. — Le commerce.
2ᵉ. L'agriculture. — Le commerce.
3ᵉ. La magistrature. — Le commerce.

4ᵉ. Les lettres. — Le commerce.

« Je n'ai pas besoin de vous prouver, continua-t-il, qu'en nous accordant tous pour donner en cette circonstance la seconde place au commerce, nous lui assignons bien véritablement la première; car notre premier vote n'exprime qu'une prédilection, tandis que l'autre motive une préférence. »

On trouva qu'il y avait dans cette décision plus de subtilité que de justesse, et l'on se remit à discuter de plus belle.

L'HERMITE.

Si, pour les États, comme pour les individus, le premier besoin est l'existence, et le premier devoir la conservation; s'il est également vrai que cette existence soit sans cesse menacée, et ne puisse être efficacement protégée que par le courage et la force, il est évident, pour tout homme qui sent battre son cœur au nom de la patrie, que la plus utile comme la plus noble profession est *celle des armes*.

M. BINOME.

Vous me permettrez de croire qu'il y a un peu plus d'utilité à conduire le soc qu'à manier le sabre, et qu'à tout prendre il est plus aisé de se passer de soldats que de *laboureurs*. Peut-être même conviendrez-vous que la vie des rustiques enfans de Cérès est un peu plus favorable aux bonnes mœurs que celle des belliqueux enfans de Mars.

M. ANDRÉ.

C'est une très-bonne chose de nourrir son pays ; c'en est une très-belle de le défendre ; mais encore faut-il en avoir un : or, comme il n'y a de pays, moralement et politiquement parlant, que là où il y a des lois ; que des lois supposent des magistrats qui les font observer, des juges qui en sont les organes, des avocats qui en assurent la protection à la veuve et à l'orphelin, je déclare que la *magistrature*, considérée sous le rapport des mœurs et de l'utilité publique, occupe de fait et de droit le premier rang dans l'ordre social.

M. WALKER.

Je crois, Messieurs, pouvoir appuyer mon avis d'aussi bonnes raisons que les vôtres ; mais je n'oublie pas que nous sommes attendus à la barrière de Fontarabie, et j'ai dans l'idée que vous m'écouterez plus favorablement à notre retour. »

En nous séparant, la semaine dernière, nous étions en effet convenus d'aller visiter le mercredi suivant les établissemens de M. Divès, auxquels notre industrie manufacturière est en partie redevable des immenses progrès qu'elle a faits depuis vingt ans.

En remontant la rue de Charonne, nous passâmes devant une des écoles principales fondées pour l'instruction élémentaire, d'après la méthode dite *à la Lancaster;* M. André, qui partage avec M. le comte de Laborde et M. l'abbé Gaultier l'honneur d'avoir naturalisé en France cette bienfaisante institution, prit avec nous l'engagement de nous mettre à même d'en apprécier tous les avantages. M. Walker ne manqua pas cette occasion de nous apprendre qu'un *négociant* (M. Delessert) avait fondé et doté de la manière la plus libérale deux établissemens de cette espèce, destinés à l'instruction des enfans de la religion réformée.

« Je pourrais, continua-t-il, vous citer une foule d'actions également honorables pour le commerce de France; je me borne à la plus récente. M. J. C., négociant de Baltimore, était venu en France pour y composer une cargaison des produits de nos manufactures. Il devait recevoir d'un intéressé, auquel il avait laissé des fonds considérables avant son départ des Etats-Unis, une cargaison de coton et une remise de 400,000 fr. sur Londres, laquelle avait été effectuée, mais que, par un mal-entendu (qu'il faudrait peut-être appeler d'un autre nom), la maison de Londres avait portée au compte de l'intéressé. M. J. C., après huit mois de courses dans nos villes manufacturières, avait réuni au Hâvre toutes les marchandises dont il avait fait l'acquisition pour une somme de 800,000 fr., qui avait été payée par la maison Perregaux et Lafitte : au moment de son départ, M. J. C. reçoit la nouvelle que le bâtiment qu'il avait expédié, depuis huit mois, à la Nouvelle-Orléans, pour apporter les cotons en France, avait été détourné de sa destination par l'intéressé. Attéré par ce coup de foudre, l'infortuné négociant tomba dans une mélancolie profonde dont les suites menaçaient sa vie ; s'adressant alors à M. Lafitte, il lui confia la situation où le réduisait l'horrible procédé de l'intéressé américain et de la maison de banque anglaise : « Je suis hors d'état de vous rembourser, lui dit-il ; faites vendre mes marchandises, je vous tiendrai compte de la perte. — Partez, lui dit, en lui serrant la main, l'honorable M. Lafitte, partez avec vos marchandises et reprenez courage ; vous me les paierez lorsque vous les aurez vendues. Dès ce moment votre compte est arrêté et porte un intérêt de cinq pour cent. »

Tout en causant, nous étions parvenus au haut de la rue de Charonne. Nous nous arrêtâmes à l'ancien couvent des Bénédictines, où M. Divès a établi une manufacture d'étoffes de coton qui rivalisent avec tout ce que l'Angleterre produit de plus parfait en ce genre ; et, plus récemment, une filature de laine, qui ouvre à l'industrie nationale une source de prospérité dont on ne peut ni assigner la limite, ni calculer les avantages.

On était à table quand nous arrivâmes, et nous fûmes reçus avec cette cordialité franche, avec cette politesse aisée dont la bienveillance exclut le cérémonial. C'était déjà un tableau plein d'intérêt que celui de M. Divès, au milieu d'une belle et nombreuse famille où il exerçait l'autorité d'un chef avec toute la confiance d'un protecteur et l'affection d'un père.

Pendant le déjeûner la conversation roula sur les progrès de l'industrie en France, sur les causes qui les avaient produits, sur les moyens de les étendre encore ; M. Divès, contre l'avis du philosophe de l'île Saint-Louis, nous prouva que l'emploi et le perfectionnement des machines n'avait et ne pouvait avoir d'inconvéniens dans un pays dont la richesse du sol pouvait s'accroître avec la population, et où l'économie des bras dans les arts industriels tournait toujours au profit de l'agriculture.

M. Binome, après avoir démontré par une foule d'exemples qu'en fait de découvertes les Français ont presque toujours la gloire de la première idée, parut s'étonner qu'à l'application ils n'arrivassent, pour l'ordinaire, qu'à la suite des autres. M. Divès en trouva la cause dans la timide avidité des capitalistes, qui ne viennent au secours d'aucune entreprise, qui croient leurs fonds perdus quand ils n'en touchent pas régulièrement l'intérêt; dans ce travers de la mode, né du défaut d'esprit public, qui salarie en quelque sorte la contrebande, en recherchant de préférence les produits de l'industrie étrangère.

Après le déjeûner, nous visitâmes dans le plus grand détail les immenses établissemens dont se compose la manufacture de M. Divès.

Nous suivîmes pour ainsi dire pas à pas la marche progressive de la fabrication, en passant de l'atelier où l'on découpe les toisons brutes, dans la buanderie où l'on lave les laines; dans les fours où on les blanchit à la vapeur du soufre ; dans les salles où on les peigne, dans celles où on les carde : nous n'insistâmes point pour être introduits dans les ateliers de filature de laine, où M. Datès, employant des procédés mécaniques qui ne sont point connus, doit craindre d'en exposer le mécanisme à des regards infidèles.

Nous reprîmes la suite des opérations dans les salles où les laines, filées et distribuées par numéro, sont livrées aux tisserands ; nous parcourûmes les divers ateliers où se fabriquent les différens genres de tissus, où se *parent* les étoffes en roulant sur des cylindres de fer rouge, et finalement où elles reçoivent les derniers apprêts. Nous nous arrêtâmes ensuite à considérer, dans de vastes magasins, cette même laine, que nous avions vue sous la forme d'une toison sale et grossière, transformée en un tissu rival de celui de Cachemire et nuancé des plus belles couleurs.

Accoutumé comme je le suis à considérer avant tout les objets dans leurs rapports avec les mœurs, j'avoue que je fus moins frappé des prodiges d'industrie que je voyais en quelque sorte s'opérer sous mes yeux, que des bienfaits dont cette industrie est la source. Comment se défendre d'un mouvement de vénération pour un homme auquel deux ou trois mille autres doivent leur subsistance journalière, qui s'enrichit du bien qu'il fait, et dont la fortune, comme un fleuve nourricier, embellit et fertilise ses rivages !

Je ne pouvais me lasser, en m'arrêtant au milieu de cette multitude d'ouvriers que M. Divès salarie, de regarder ses enfans, dont l'adresse laborieuse et précoce est déjà une ressource pour leur famille. Je ne pouvais sortir de cette salle, où tant de braves qu'ont épargnés les combats trouvent, dans l'exercice d'une facile industrie, un surcroît de secours contre une honorable indigence dont la sollicitude du gouvernement est sans cesse occupée à les défendre. Qu'il m'a paru respectable, la navette à la main, ce fier chef d'escadron, sillonné par le fer ennemi, qui n'a pas craint de déroger à sa gloire par un travail utile !..... Que de réflexions cette circonstance fait naître !.... Je n'ai ni le tems ni l'espace nécessaires pour les consigner ici, et je terminerai ce Discours par cette considération de Duclos, de la justesse de laquelle nous avons fini par tomber tous les quatre d'accord :

« Il n'y a pas de membres plus utiles à la
» société que les commerçans : ils unissent les
» hommes par un trafic mutuel ; ils distribuent
» les dons de la nature ; ils occupent et nourris-
» sent les pauvres, satisfont aux désirs des riches,
» et suppléent à la magnificence des grands. »

N° LIII.— 27 *juillet* 1816.

LES MONTAGNES RUSSES.

Quæ venit ex tuto, minus est accepta voluptas.
Ovid. *Art d'aimer*, l. III.

Un plaisir est moins vif lorsqu'il n'est accompagné d'aucune inquiétude.

La raison vient peut-être un peu tard chez les femmes, mais elle y arrive (quand elle y arrive) escortée d'un jugement si prompt et si juste, d'une volonté si persévérante, d'une éloquence si persuasive, qu'elle exerce un empire d'autant plus absolu qu'on ne songe plus à s'y soustraire. De son aveu, Mme de Lorys a été très-sensible dans sa jeunesse, et passablement capricieuse dans son âge mûr : la vieillesse où elle est parvenue, sans aucune des infirmités physiques et morales auxquelles cette époque de la vie est ordinairement sujette, en a fait le modèle accompli de ces vertus modestes, de cette raison supérieure, qui donnent toujours une bonne action pour preuve d'un bon raisonnement. Les grands et terribles événemens dont nous avons été témoins, dans ces deux dernières années, ont encore une fois bouleversé toutes les têtes de ce pays : les vrais principes, les droits, les devoirs qui constituent l'ordre social, ont encore une fois été remis en question ; les préjugés de la veille, les passions du jour, les espérances du lendemain, se sont armés de nouveau, pour l'intérêt particulier, sous les couleurs du bien général : Mme de Lorys, au milieu d'une famille et d'une société nombreuse, où l'esprit de parti exerça comme ailleurs sa fatale influence, ne s'est point écartée un moment de la ligne politique que sa raison lui avait tracée : « Criez, tempêtez, battez-vous même si le cœur vous en dit encore (répétait-elle avec sang-froid aux uns et aux autres), vous en reviendrez *à la Charte*, vous vous y rallierez, vous vous y attacherez de toutes vos forces, ou la France est perdue. » Peu de jours se passaient sans qu'elle ne fît d'un côté ou de l'autre un prosélyte à la doctrine constitutionnelle ; et cette défection successive avait fini, depuis quelque tems, par opérer dans cette famille une réunion générale que les habitans et les habitués du château de....... s'étaient promis de célébrer chaque dimanche, pendant le reste de la saison, par une partie de plaisir nouvelle.

Chacun était admis, à son tour, à présenter le programme des amusemens de la journée. Les bals champêtres, les sérénades sur l'eau, les promenades dans les environs, en calèche, à cheval, à ânes ; les dîners dans la forêt, la comédie dans le parc avec illumination, rien n'avait été oublié. Quand vint le tour du colonel de Sesanne, neveu de Mme de Lorys, il proposa une partie *aux Montagnes Russes*. La renommée de cet établissement n'était point encore parvenue jusque dans la forêt de Senart ; avant d'adopter la proposition du colonel, on exigea qu'il fît connaître avec détail l'espèce de plaisir où il nous conviait. Il s'en acquitta d'autant mieux, qu'il a passé dix-huit mois à Pétersbourg, attaché à l'ambassade française, dont le chef était son parent : sans compter la campagne de Moscow qu'il a faite, et pendant laquelle on peut croire qu'il a été occupé de toute autre chose que d'étudier les mœurs de la Russie.

« Les Russes, nous dit-il (le peuple de l'Europe, après les Français, le plus avide de plaisirs), ont une véritable passion pour les *Montagnes de Glaces* : les habitans des campagnes disposent à cet effet le penchant des collines, qu'ils arrosent afin d'en rendre la surface plus glissante et plus unie. Dans les villes et dans les châteaux, ces montagnes se forment par des dalles de glaces rapportées et disposées sur un échafaudage de soixante ou quatre-vingts pieds d'élévation, qui descend par une pente rapide jusqu'à la rivière.

» Tous les ans, aux fêtes de Pâques, l'empereur fait construire à ses frais sur la Néva, en face du palais impérial, une montagne de glace destinée à l'amusement gratuit du peuple de Pétersbourg ; les négocians étrangers se réunissent en club pour se procurer le même plaisir sur le *quai Anglais*.

» Le lieu disposé, le jeu consiste à s'élancer du haut de la montagne sur de légers traîneaux, dont l'œil a de la peine à suivre la course rapide, et que le conducteur dirige en appuyant légèrement ses mains sur la surface glacée qu'il parcourt. Il est d'usage de descendre avec une dame qui s'assied sur les genoux de l'homme qui la conduit ; mais pour obtenir cette faveur, il faut avoir fait preuve d'adresse et d'expérience à un exercice qui n'est point sans danger, et dans lequel la moindre mésaventure connue inspire une méfiance dont on a beaucoup de peine à triompher.

» Pour conserver l'été le simulacre d'un plaisir d'hiver dont ils sont idolâtres, les Russes ont imaginé d'élever pour la belle saison des montagnes en bois, dont la construction dispendieuse se fait pour l'ordinaire aux frais d'une entreprise particulière qui en retire les produits. L'établissement de ce genre le plus en vogue et le plus remarquable est celui de Christophsky, dans une île, près de Kaminiostrow, appartenant au prince Wolkonsky ; ces montagnes, où il est du bon ton, à Pétersbourg, de se rendre en drotskys* le dimanche, ont dû servir de modèle à celles que l'on vient d'établir à Paris, et que je vous propose de visiter.

* Petite voiture à quatre roues et à deux chevaux, d'une forme particulière.

» Pour faire parade à vos yeux de toute mon érudition sur les *Montagnes Russes*, je vous dirai que Catherine-la-Grande, passionnée pour ce genre d'amusement, avait fait construire à Oranienbaum (château favori de Pierre III) des montagnes en bois de la plus grande magnificence, autour desquelles régnait une double galerie de pierre, soutenue par des colonnes d'ordre ionique, qui subsistent encore. Ces montagnes se déployaient sur un espace de plus de deux *verstes*.* On se lançait sur la première du haut d'un pavillon attenant au palais: cet élan, qu'augmentait encore la rapidité de la pente, vous portait au sommet de la seconde montagne, dont la brusque déclivité imprimait au chariot une nouvelle force d'impulsion pour fournir une autre carrière.

» On voit encore à Oranienbaum le traîneau, en forme de cygne, illustré par l'heureux accident du comte Alexis Orlow. Ce jeune et bel officier des gardes *descendait* derrière l'Impératrice: un traîneau qui précédait celui de S. M. fit sauter une des planches de la carrière: l'abîme était ouvert; le traîneau s'y précipitait

* Environ trois quarts de lieue.

de toute la rapidité de sa course: le jeune Orlow met pied à terre, saisit le char, et par un prodige de force et de courage il l'arrête, d'abord, d'un bras qu'il se casse, et continue à le retenir de l'autre : on sait jusqu'où l'impératrice porta la reconnaissance. »

Sur le récit et sur la foi de M. de Sésanne, toute la compagnie du château, au nombre de douze personnes, se mit en route pour les *Montagnes Russes*. Mlle Cécile et une de ses compagnes montèrent à cheval avec les jeunes gens, sous la conduite spéciale du colonel ; MM. Binome, Walker et deux jeunes dames, occupaient la calèche ; Mme de Lorys me fit les honneurs de son landaw, qu'un général de ses parens, qui s'était blessé la veille en tombant de cheval, conduisait en cocher.

Il était deux heures lorsque nous arrivâmes aux thermes, près de la porte Maillot, où ces montagnes sont situées : une longue file de voitures et de chevaux de mains, arrêtés dans l'avenue, annonçait une réunion brillante et nombreuse. Le premier coup-d'œil réalisa tout-à-fait l'idée que nous nous étions faite de cet établissement d'après la description du colonel.

Après avoir pris des billets d'entrée au premier bureau, nous arrivâmes au second, où se délivrent, au prix de cinq sous la course, des cartes de traîneaux dont nous fîmes une ample provision. Un escalier d'une soixantaine de degrés conduit au haut d'un premier pavillon d'où l'on s'élance sur la première montagne. Les traîneaux, indépendamment des quatre roues sur lesquelles ils sont montés, sont munis de roulettes horizontales qui s'engrainent dans les rainures pratiquées aux deux côtés de la voie étroite où le traîneau s'engage et dont il ne peut sortir. Mme de Lorys ne permit aux jeunes personnes qu'elle conduisait de se hasarder à descendre qu'après avoir entendu mon rapport, dont le résultat fut qu'il n'y avait aucune espèce de risque à courir.

La permission accordée, Cécile et sa compagne s'emparèrent de deux traîneaux ; je m'établis dans celui du milieu pour faire contraste, et pour me ménager le plaisir de voir un moment deux jeunes filles courir après moi. Le sort en est jeté : on nous lance ; je profite de tout l'avantage de ma gravité spécifique, je vole, ou plutôt je tombe le premier au but. Nous attendîmes au pied de la première montagne les autres personnes de notre compagnie; nous les vîmes successivement descendre, et nous admirâmes particulièrement le colonel, qui parcourut cette rapide carrière debout sur son traîneau. Chacun se rendit compte de la sensation qu'il avait éprouvée; notre général, dont on ne prononce guère le nom sans le faire précéder de l'épithète de brave, nous avoua qu'il avait eu peur ; cela s'explique : le courage consiste à braver un danger contre lequel on peut se défendre : Henri IV avait peur de verser en voiture.

Après avoir grimpé au sommet de la seconde montagne et l'avoir descendue avec la même intrépidité, je jugeai à propos d'abandonner la carrière à la jeunesse, et j'allai m'établir en observation dans une petite salle de verdure, d'où je pouvais examiner les acteurs, les spectateurs et le théâtre.

A considérer ces jeux sous le rapport de la gymnastique, je pense qu'ils doivent être utiles à la santé, et que l'hygiène peut en tirer de véritables secours; mais leur succès me paraît surtout garanti par des avantages plus aisément et plus généralement appréciés. Quel rendez-vous plus favorable aux tendres intrigues, aux douces confidences que ces *Montagnes Russes?* où peut-on mieux s'assurer, en dépit de la plus active vigilance, un moment d'entretien quelquefois si précieux? On descend avec la rapidité de l'éclair; mais on est seul, on est ensemble, et *je vous aime* est sitôt dit! Je doute cependant que nos dames poussent jamais l'imitation des mœurs russes jusqu'à s'asseoir sur les genoux d'un compagnon de voyage, bien que l'exemple en ait été donné par une actrice, avec des précautions qui devaient la tranquilliser sur la crainte de perdre l'équilibre.

On voit bien, quand on a l'habitude d'observer; j'en fais juge les personnes qui se reconnaîtront aux remarques suivantes. Un gros Monsieur, dont l'excessif embonpoint formait au-dessous de son estomac une énorme saillie, donnait le bras à une dame dont il était aisé de voir qu'il était le mari; auprès d'eux marchait leur fille, d'une figure charmante, et dont l'œil investigateur eut bientôt découvert au milieu de la foule un jeune homme en redingote polonaise, dont le regard fit monter un pied de rouge sur les joues de la demoiselle : j'observai que, sans se perdre un moment de vue, ils évitaient de s'aborder ; il ne tenait qu'à moi d'en tirer une première conséquence, mais je ne hasarde pas mes jugemens ; au bout d'un quart-d'heure le père, la mère et la fille *descendirent* ensemble, et le jeune homme vint se placer au bas de la montagne ; peut-être s'aperçut-il, comme moi, que la petite personne pendant sa course avait porté la main à son fichu, et l'avait ensuite placée derrière elle. Quoi qu'il en soit, j'avais fait une attention particulière au traîneau, et je ne fus pas étonné, un moment après, de voir le jeune homme descendre la montagne opposée sur ce même traîneau ; donner à sa main la même direction qu'avait prise celle de la demoiselle, la porter ensuite à la poche de son gilet, et secouer ensuite son mouchoir en l'air. Pour m'assurer que je ne me trompais pas sur les inductions que je tirais de ce petit manége, je suivis celui-ci au sortir du traîneau ; j'entrai après lui dans le café qu'on a établi sous la première montagne, et je le trouvai lisant un petit billet qu'il finit par presser sur ses lèvres.

Je n'eus pas le tems de pousser plus loin mes observations ; Walker, qui me cherchait, vint m'avertir que ces dames étaient remontées en voiture, et qu'on n'attendait plus que moi pour partir.

N° LIV. — 18 *août* 1816.

LA DISTRIBUTION DES PRIX.

> Pour faire croître le mérite, semez les récompenses.
> *Prov. persans.*
>
> L'émulation est un sentiment volontaire, courageux, sincère, qui rend l'ame féconde, qui la fait profiter des grands exemples, et la porte souvent au-dessus de ce qu'elle admire.
> Le chev. DE JAUCOURT.

« Si vous êtes curieux, mon cher Hermite,
» de voir une femme que la joie rend à-peu-
» près folle, venez déjeûner demain matin avec
» nous ; mais sur-tout n'allez pas rire de
» l'excès et de la cause du bonheur dont vous
» serez témoin ; je vous préviens qu'on vous
» arracherait les yeux : *Experto crede.* »

Ce billet de l'ami Binome, daté du dimanche 18 août, excita vivement ma curiosité, et je n'eus garde de manquer au déjeûner du lendemain.

Il n'était encore que neuf heures. J'entrais, comme à l'ordinaire, par le corridor qui conduit à la bibliothèque du maître de la maison ; mais un domestique me prévint que la famille était réunie dans la chambre de Madame, où je fus introduit. On ne m'eut pas plutôt annoncé, que Mme Binome, parée comme pour un jour de fête, courut à moi, et, m'embrassant avec une effusion de sentiment que je partageais déjà sans en savoir la cause : « Eh bien, mon vieil ami, me dit-elle, félicitez-moi ! Vous savez notre triomphe ; vous en conviendrez, c'en est un véritable !..... A treize ans et quelques mois !....... Je voudrais bien savoir s'il y en a un autre exemple !....... Vous allez nous dire cela ? » Avant de répondre, je fus obligé de convenir que j'ignorais de quoi il était question. « Comment ! vous ne savez pas !........ Je reconnais bien là M. Binome ! toujours prêt à discourir sur ce qui se passe dans la lune, et de la plus belle indifférence pour tout ce qui intéresse sa famille !.... Il me semble pourtant que la chose en vaut la peine...... Jules a un premier prix au grand concours de l'Université ! — Un premier prix à l'Université ? — Rien que cela.... Le voilà, ce cher enfant ! embrassez-le donc ! »

J'embrassai le petit Jules, et je le félicitai de si bonne foi, de si bon cœur, que sa mère fut presque satisfaite de mes éloges. « Vous voyez, Monsieur, dit-elle à son mari avec une complaisance mêlée de tendresse et d'orgueil, que je ne suis pas aussi déraisonnable que vous voulez le faire entendre, et que l'amour maternel ne m'aveugle pas. L'Hermite ne dit pas, comme vous, qu'un succès aussi éclatant ne prouve rien pour l'avenir, et il ne se croit pas obligé de mesurer au compas le degré de satisfaction qu'une mère peut manifester en pareille circonstance. — Vous ne devineriez pas, reprit Binome en nous mettant à table, ce qui me vaut une si verte mercuriale ? Une simple réflexion : je me suis permis de dire que les succès de collége donnaient des espérances qui ne se réalisaient pas toujours, et qu'il n'était pas sans exemple qu'un jeune homme remportât, même à l'Université, un prix de grec où de latin, sans être capable de faire une multiplication. — Mon Dieu, Monsieur, vous en revenez toujours à vos chiffres, comme s'il était bien glorieux de savoir que deux et deux font quatre ! — Il n'est peut-être pas glorieux de le savoir, mais il est certainement honteux de l'ignorer. — Eh bien, on l'apprendra. Je vous prédis, M. Binome, que votre fils sera tout aussi bon mathématicien que vous, quand il voudra s'en donner la peine. L'Hermite ne nous disait-il pas, il y a quelques jours, que la science du calcul est à la portée de tout le monde ? Pour moi, je déclare que je ne connais que des gens qui savent compter.... Les mathématiciens courent les rues. — On se sert souvent de cette expression, reprit M. Binome, mais c'est en parlant de cette foule d'avortons littéraires, échappés des derniers bancs de l'école, qui se cotisent pour se faire une réputation d'esprit, et dont le bourdonnement insupportable est peut-être un des plus grands fléaux de la société actuelle. — C'est-à-dire, Monsieur (interrompit-elle avec plus de passion que de logique), que vous voudriez que votre fils fût un sot ; que vous ne connaissez de talent que celui d'un teneur de livres ou d'un arpenteur, et que, pour vous faire plaisir, il devrait renoncer à la couronne classique qu'il obtient aujourd'hui? — Permettez-moi de vous répéter, ma très-chère femme, que je ne dis pas un mot de tout cela; que je désire, au moins autant que vous, de voir Jules prendre un jour sa place parmi les véritables gens d'esprit ; que, pour cela même, je ne serais pas fâché qu'à l'étude des mots il joignît celle des faits, et qu'enfin (sans oser en conclure avec vous que la France ait un grand homme de plus) je suis, avec quelque réserve d'expérience, tout aussi heureux que vous de l'honorable distinction qu'il doit recevoir aujourd'hui. »

Ce petit débat de famille, dans lequel on se disputait à qui serait le plus heureux, ne rendit pas ma médiation difficile : on ramène facilement à la même opinion ceux qui sont déjà réunis dans les mêmes sentimens. Le déjeûner ne fut pas long; Jules et sa mère étaient trop pressés de se rendre à la salle des séances de l'Institut (lieu désigné pour la distribution des prix). Je n'attendis pas que l'on m'invitât à cette mémorable cérémonie, à laquelle j'avais un double intérêt à me trouver, comme ami et comme observateur.

Les portes du palais de l'Institut venaient de s'ouvrir, lorsque nous nous y présentâmes. Un huissier nous introduisit dans la salle des séances publiques, où Mme Binome, à la grande surprise de son mari, alla choisir nos places sur la dernière banquette de l'amphithéâtre du Nord. « Je ne devine pas, lui dit-il quand nous fûmes assis, pourquoi vous nous mettez si loin du but. — Apparemment, répondis-je, pour augmenter le plaisir que nous aurons à l'atteindre. — Il ne vous entend pas, reprit Mme Binome en me regardant avec un sourire d'intelligence. — Vous verrez, continuai-je, qu'il faudra que ce soit moi qui lui explique ce petit secret de la vanité maternelle : ne voyez-vous pas, ajoutai-je, que si nous étions en bas de la première enceinte au moment de la nomination, Jules n'aurait qu'un pas à faire de sa place au bureau où vont se distribuer les couronnes, et que son

triomphe serait à peine aperçu ? Réfléchissez, au contraire, aux avantages qui doivent résulter du choix de notre position. On proclame à haute voix le nom de *Jules-Emmanuel-Victor* Binome : un jeune homme se lève à l'extrémité supérieure de la salle ; tous les yeux se portent sur lui ; il descend. On s'empresse de se déranger pour lui ouvrir un passage ; mais on a le tems de s'interroger : « Quel est-il ? Quel âge a-t-il ?....
» Quel air modeste ! quelle figure aimable !....
» Que sa mère doit être heureuse !..... — La
» voilà — Où donc ? — Là..... cette dame qui
» s'essuie les yeux..... » et mille autres propos que le jeune homme recueille en allant recevoir la couronne, et en revenant en faire un tendre hommage à sa mère, au milieu des applaudissemens qui éclatent et se prolongent sur son passage. — Ah ! je conçois maintenant, reprit notre encyclopédiste avec sa gravité ordinaire. — C'est bien heureux ! répondit sa femme. — J'abonde d'autant plus volontiers, poursuivis-je, dans le sens, ou plutôt dans le sentiment de Madame, qu'il vient à l'appui de mes vieux souvenirs, et qu'il m'explique la

préférence que je donne (dans l'intérêt de la solennité qui nous rassemble) à l'antique enceinte de la Sorbonne sur cette salle beaucoup plus brillante, mais beaucoup moins spacieuse.
— Vous ne dites pas, interrompit notre géomètre, que, de votre tems, un plus grand nombre de concurrens exigeait un emplacement plus vaste. Nous n'avons aujourd'hui que quatre colléges en exercice ; on en comptait dix autrefois : *le Plessis*, *Louis-le-Grand*, *Harcourt*, *Mazarin*, *Lizieux*, *les Grassins*, *Montaigu*, *le Cardinal Lemoine*, *Lamarche* et *Navarre*.....»

Pendant ce petit colloque, la salle s'était remplie et la commission de l'Université avait pris place. La séance s'ouvrit ; M. Naudet, professeur distingué, prononça un discours latin remarquable par l'excellence des principes, l'élévation des idées, la force et la convenance du style.

La distribution des prix commença. Je crois devoir consigner ici quelques réflexions que j'abandonne à l'examen de mes lecteurs. Pourquoi *le prix d'honneur* appartient-il invariablement à *la composition latine?* Parce que, de tout tems, la chose s'est faite ainsi..... Dans cette circonstance, comme en toute autre, c'est peut-être une excuse, mais ce n'est pas une raison. Il me semble que l'on pourrait alterner, en couronnant tour-à-tour l'AMPLIFICATION *française* et l'AMPLIFICATION *latine* (désignation d'autant moins convenable, pour le dire en passant, qu'elle indique ce genre de composition sous un titre qui rappelle un de ses défauts les plus ordinaires). »

Les proclamations se faisaient jadis en latin. On a pu laisser tomber en désuétude cet usage un peu pédantesque ; mais je trouvais très-bon, très-juste que l'éloge des fondateurs des prix de l'Université précédât le nom des élèves qui recueillent cette noble partie de leur héritage. Les bienfaiteurs de cette espèce sont-ils devenus si communs qu'on doive craindre d'en multiplier le nombre par l'appât de la reconnaissance publique ?

En continuant à comparer mes souvenirs aux objets que j'avais sous les yeux, ce qui m'a le plus étonné, c'est d'entendre, à plusieurs nominations, le bruit des sifflets se mêler aux acclamations et aux fanfares : les anciennes distributions n'offrent pas d'exemple de cette inconcevable indécence. J'ai interrogé notre *collégien* sur la cause de ce désordre introduit depuis quelques années ; elle tient à la persuasion où sont les élèves que les compositions sont mal examinées et mal jugées. Il serait donc utile d'établir un mode d'examen qu'ils connussent, et qui leur répondît de l'attention et de l'impartialité de leurs juges. Pourquoi quelques élèves des classes supérieures n'y assisteraient-ils pas ?

A cette réflexion, que je communiquai à M. Binome, celui-ci m'objecta « qu'il ne pouvait y avoir d'infidélité pour la correction et le classement des copies, puisqu'elles ne sont remises aux examinateurs qu'après en avoir enlevé la tête, où se trouve le nom de l'élève et de son collége : sur cette tête et sur la copie on inscrit une devise qui sert à les rapprocher. Ces têtes de copies sont déposées, jusqu'au moment où l'on dresse les listes, dans une boîte scellée. A toutes ces précautions, communes à l'époque actuelle et à l'ancienne, on ajoute aujourd'hui celle de nommer pour l'examen des compositions de rhétorique des personnes étrangères à l'enseignement, c'est-à-dire non-professeurs à l'université !

Autrefois le secret de l'Université n'était pas celui de la comédie ; il était religieusement gardé, et l'écolier qui devait avoir un prix venait à la distribution sans connaître son sort. Les professeurs eux-mêmes l'ignoraient. La surprise ajoutait à la joie de l'élève et de ses parens, et prévenait les petites intrigues des écoliers déçus dans leurs espérances. Aujourd'hui la liste se fait en plein conseil de l'Université, les inspecteurs présens. Peut-être a-t-on cru que cet appareil de publicité serait un garant de l'équité des juges : mais s'il était possible de supposer que les examinateurs fussent des hommes corruptibles, l'injustice serait faite avant que l'on dressât les listes. Le mode actuel ne sert donc qu'à désespérer et à irriter les vaincus, en faisant d'avance connaître les vainqueurs.

Je me souviens (moi qui me souviens de loin) que le docteur *Fourneau*, qui proclamait les prix à l'ancienne Université, se tenait debout et parlait haut. Je demande pourquoi l'officier de l'Université actuelle, qui remplit aujourd'hui les mêmes fonctions, parle bas et reste assis ? Le PRÆCO des jeux olympiques dominait toutes les têtes, et sa voix remplissait un immense amphithéâtre.

J'ai fait une observation dont je voudrais bien qu'on ne tirât aucune induction maligne : autrefois, les noms proclamés appartenaient en général à des familles honnêtes, sans doute, mais ignorées, mais obscures ; aujourd'hui, les noms des élèves couronnés rappellent, pour la plupart, des hommes connus dans les premiers rangs de la société, de l'administration, des lettres, et même de l'Université, et ces noms sont trop souvent accueillis avec des applaudissemens du genre de ceux que l'on entend aux pièces nouvelles sous les lustres de nos salles de spectacles........ Binome m'a promis sur ce fait une explication satisfaisante ; je l'attendrai pour avoir un avis.

Le maréchal de Villars prétendait, même après la bataille de Denain, que le plus beau jour de sa vie était celui où il avait eu un prix au collége : je crois pouvoir assurer que cette journée du bonheur ne laissera pas, dans le cœur de Jules, un souvenir moins exclusif. On pourrait peindre cependant les transports d'allégresse avec lesquels il a entendu proclamer son nom; mais l'ivresse de sa mère! il faudrait l'avoir sentie, pour s'en former une idée. Je suivais, sur sa touchante figure, les impressions graduées qu'elle éprouvait à chacun des prénoms de son fils. Elle fit un mouvement pour se lever, quand son nom de famille fut prononcé au milieu des plus générales et des plus brillantes acclamations que nous eussions encore entendues. Elle pâlit, rougit et pleura. Il y avait dans son émotion quelque chose de si maternel, de si communicatif, que toutes les femmes en furent en même tems saisies, et s'associèrent à la douceur de ses larmes. Comme elle embrassa son fils, quand il revint près d'elle, le front ceint de la seule couronne dont la jouissance ne soit accompagnée d'aucun trouble, dont le souvenir ne soit accompagné d'aucun regret! Jules vint ensuite embrasser son père : « C'est fort bien, mon fils! lui dit-il ; c'est fort bien ; mais il faudrait avec cela savoir les quatre règles. »

FIN DU TOME DEUXIÈME.

TABLE.

		Pages
No XXIX.	Le Trousseau de la Mariée..........	1
XXX.	Les Gens de Lettres................	14
XXXI.	Les Chansons.....................	26
XXXII.	Une Maison de l'île Saint-Louis......	37
XXXIII.	Les Deux Amours.................	50
XXXIV.	Les Sots........................	73
XXXV.	Les Acteurs.....................	85
XXXVI.	L'Héritière......................	96
XXXVII.	Correspondance..................	107
XXXVIII.	Une Journée aux Rives de la Seine...	131
XXXIX.	Quelques Abus...................	142
XL.	Le Jour de la Première Communion..	154
XLI.	L'Artisan dans son Ménage..........	165
XLII.	Une Répétition au grand Opéra......	177
XLIII.	Condition actuelle des Hommes de Lettres.................................	189
XLIV.	Tuer le Tems.....................	200
XLV.	L'Homme Insupportable............	213
XLVI.	Les Noirceurs....................	224
XLVII.	La Mère Radig...................	235
XLVIII.	Les Imitateurs...................	247
XLIX.	Le Dimanche à Paris..............	258

TABLE.

		Pages.
Nº L.	Les Funérailles	270
LI.	Macédoine	281
LII.	Travail et Industrie	297
LIII.	Les Montagnes Russes	308
LIV.	La Distribution des Prix	320

FIN DE LA TABLE.

www.ingramcontent.com/pod-product-compliance
Lightning Source LLC
Chambersburg PA
CBHW060509170426
43199CB00011B/1379